Daheim beim
Bergdoktor
am Wilden Kaiser

Bibliografische Informationen der Deutschen Bibliothek: Die Deutsche Bibliothek verzeichnet diese Publikation in der Deutschen Nationalbibliografie; detaillierte Dateien sind im Internet über http://dnb.ddb.de abrufbar.

Impressum:

© Verlag Kern GmbH, Ilmenau
© Inhaltliche Rechte beim Autor
2. Auflage, Juli 2019
Autorin: Angela Bardl
Umschlag/Layout/Satz: Brigitte Winkler
Bildquellen: Angela Bardl
Foto Seite 8: Stefanie Leo
Lektorat: Manfred Enderle
Sprache: deutsch, broschiert
ISBN: 978-3-95716-315-8
ISBN E-Book: 978-3-95716-295-3
www.verlag-kern.de

Angela Bardl

Daheim beim
Bergdoktor
am Wilden Kaiser

Vorwort

Die Idee zu meinem Buch entstand bei einem Treffen von Fans der beliebten Serie „Der Bergdoktor" mit den Schauspielern in Scheffau am Wilden Kaiser.

Die Begeisterung dieser Leute für diese Serie, für deren Schauspieler, die Drehorte, die Schönheit des Wilden Kaisers und ihre Freude darüber, dass sie in den Bergdoktordörfern am Wilden Kaiser ihren Urlaub verbringen, hat mich zum Schreiben des Buches inspiriert.

Kurz entschlossen mache ich Urlaub am Wilden Kaiser und wohne im gleichnamigen Gasthof „Zum Wilden Kaiser" in Scheffau. Es ist Sommer und ich hoffe auf schönes Wetter und auf einen spannenden und erholsamen Urlaub. Ich will unbedingt die Drehorte des Bergdoktors sehen und dort sein, wo sich das Leben der Familie Gruber abspielt.

In meinem Urlaub fahre ich mit dem Traktor auf den Gruberhof, lerne dabei den lustigen Traktorfahrer Peter kennen und lasse mir erzählen, wie der Gruberhof zum Drehort wurde. Auf der Alm von Onkel Ludwig verbringe ich einen herrlichen Sommertag, kann mir aber auch vorstellen, wie einsam es an grauen Herbsttagen auf der Alm ist. Beim Segeln auf dem Jochstub'n See auf über 1000 Metern Höhe überkommt mich, während der Kapitän Seemannsgarn spinnt, fast ein wenig Mittelmeerfeeling und während ich am Ufer des Hintersteiner Sees sitze, fallen mir gruselige Dinge ein. Mit dem Fahrrad erkunde ich die „Bergdoktorrunde" und bekomme mit, dass es den Gasthof von Susanne Dreiseitl, so wie ich ihn aus der Serie kenne, gar nicht gibt. Auf alle Fälle will ich noch in der Arztpraxis von Dr. Martin Gruber vorbeischauen, doch dazu brauche ich ein wenig Zeit, weil dort die Schlange der Wartenden groß ist.

Einen beeindruckenden und amüsanten Urlaubstag verbringe ich im Krankenhaus von Schwaz, als Dr. Alexander Kahnweiler seiner Vera mitten im laufenden Krankenhausbetrieb einen Heiratsantrag macht.

An manchem meiner Urlaubstage kommt es mir so vor, als liegt über den Bergdoktordörfern ein Zauber und ich frage mich, ob das etwas mit den Hexen im „Hexenwasser" zu tun hat. Das werde ich erkunden und dabei viel Spaß haben.

Gern nehme ich euch auf meine Erkundungsreise mit.

Viel Spaß beim Lesen meines Buches.

Exklusiv

Monika Baumgartner – eine Frau mitten im Leben

Eigentlich ist Monika Baumgartner in Rente. Doch sie denkt nicht daran aufzuhören. Sie sagt von sich selbst, sie sei eine Macherin. In Bayern, ihrer Heimat, sagt man dazu eine Wurschtlerin. Deshalb bezeichnet sie sich im Interview mit Donna als Wurschtlerin. Sie ist immer in Bewegung, stellt sich neuen Aufgaben, hilft und unterstützt. So ist sie unterwegs auf der Bühne, bei Dreharbeiten, mit ihren Lesungen, bei ihrer Mama, im Tierheim, hilft ihrer Schwester im Laden und packt natürlich auch zu Hause an. Sie steht „mitten drin" im Leben. Sie ist für mich eine starke Frau.

Ich bin beeindruckt von ihrer Lebensgeschichte. Ihr Leben ist geprägt von Höhen und Tiefen. Sie kennt die großen freudigen Momente ebenso wie tiefe Traurigkeit und Verzweiflung. Und dennoch, sie gab und sie gibt nicht auf. Sie geht ihren Weg beispielhaft für uns alle und ich denke, insbesondere auch für die Zuschauer/innen des Bergdoktors. Für mich hat sowohl ihr privates Leben als auch ihre Rolle im Bergdoktor, als Mutter zweier erwachsener Söhne und Oma von Lilli, Vorbildcharakter. Monika Baumgartner verkörpert das Leben einer ganz normalen Frau unserer Zeit, die Familie und Beruf meistern will und meistern muss. Ihre Lebensgeschichte macht uns Frauen in „reifen" Jahren, als die größte Gruppe der Zuschauerinnen des Bergdoktors (da denke ich nicht ganz falsch zu liegen), Mut, das Leben anzupacken.

Monika Baumgartner wurde am 19. Juli 1951 in München geboren. Sie wohnte mit ihren Eltern als kleines Mädchen in München-Schwabing in einem Eisenbahner-Postlerblock. Ihr Vater war Postbeamter und ihre Mutter Buchhalterin. Die Wohnung der fünfköpfigen Familie hatte 42 Quadratmeter. Mit ihrer Schwester und ihrem Bruder verbrachte Monika in Schwabing eine glückliche Kindheit, spielte oft mit anderen Kindern draußen. Als sie dann an der Otto-Falckenberg-Schule, der Schule für Schauspiel, Theater und Film, von den 160 Mitbewerbern einen Ausbildungsplatz bekam, freute sich Monika sehr darüber und war auch stolz darauf.

Als junge Frau musste Monika Baumgartner viele Jahre mit großen Schmerzen leben.

Ihr Ärztemarathon führte zu keinem Erfolg und Monika hatte Momente, in denen sie daran dachte, ihr Leben zu beenden. Erst als sie 33 Jahre alt war, konnte der Tumor in ihrer Leistenbeuge gefunden und erfolgreich entfernt werden. Damit begann für Monika ein zweites Leben.

Nach 13 Jahren Ehe erreichte ihr Leben einen erneuten Tiefpunkt. Wegen einer jüngeren Frau verließ sie ihr Ehemann und Monika verlor nicht nur ihn, sondern auch die gemeinsame Firma und ihr ganzes Geld.

Monika Baumgartner bezeichnet sich als Bauchmensch. Aus dem Bauch heraus geht sie Situationen an und findet so Wege, die zur Problemlösung führen. Zu ihrer heute 92 Jahre alten Mama hat sie ein sehr gutes Verhältnis: Nachdem die alte Dame gestürzt und sich die Hüfte gebrochen sowie die Schulter verletzt hatte, fand Monika Baumgartner eine für alle, die zukünftige Wohnsituation ihrer Mama betreffend, sehr gute Lösung und ihre Mama konnte nach einem notwendigen Pflegeheimaufenthalt in eigene vier Wände einer betreuten Wohnanlage in der Nähe ihrer Tochter ziehen.

Monika Baumgartner lebt im 16 Kilometer von München entfernten Gröbenzell. Sie ist sehr vielseitig interessiert und talentiert und sie hat eine Vorliebe für mechanische Dinge. Sowohl in Theaterrollen als auch in Film- und Fernsehrollen fühlt sie sich sehr wohl. Nachdem sie zwischendurch manchmal das Gefühl hatte, in Bayern wird es ihr zu eng, merkt sie jetzt deutlich, dass Bayern ihre Heimat ist. Sie fühlt sich dort sehr wohl. Gemeinsam mit ihrer Schwester führt sie in München ein Geschäft für Innendekoration. Dort werden die Sachen auch in der hauseigenen Werkstatt gefertigt. Die Idee kam den beiden Schwestern Monika und Waltraud ziemlich spontan bei einem Urlaub auf der spanischen Ferieninsel Mallorca. Deshalb heißt der Laden auch „Hermanas", denn Hermanas ist das spanische Wort für Schwestern.

Fans von Monika Baumgartner gibt es viele. Sie kennen sie durch z. B. ihre Nebenrollen bei „Der Bulle von Tölz", „Die Rosenheim Cops", „München 7" oder „Tatort".

Gern erinnert sich Monika Baumgartner z. B. an ihre Engagements an den Bühnen in München, Mannheim und Hamburg und natürlich an ihre Hauptrolle in Die Rumplhanni sowie an ihre Inszenierung des Theaterstücks „Die Ehrabschneider", 1998.

Monika Baumgartner steht nun schon fast 50 Jahre vor der Kamera. Lange Zeit war sie Freischaffende, ohne eine feste Anstellung und nicht frei von Existenzängsten. Sie musste, wie viele ihrer Schauspielkolleginnen auch, immer damit rechnen, dass sie nicht für eine Rolle infrage kommt. Darüber spricht sie ganz offen. Frauen bekommen generell weniger Angebote als ihre männlichen Kollegen und der Bedarf an älteren Damen hält sich stark in Grenzen.

Sehr gefreut hat sich Monika Baumgartner über ihre Bühnenrolle im Zigeunerbaron beim Operettensommer 2017 auf der Festung in Kufstein. Regisseur Gerald Pichowetz erfindet für die Inszenierung eine neue zusätzliche Figur: Monika Baumgartner darf Kaiserin Maria Theresia sein. Im Sommer 2018 begeisterte Monika Baumgartner als Frau Golde im Musical „Anatevka" die Besucher der Festung Kufstein. Ihr Auftritt mit dem hochkarätig besetzten Orchester der Staatsoper Timisoara war für sie ein ganz besonders emotionaler Moment, auf den sie lange hingefiebert und für den sie unzählige Stunden anstrengend geprobt hat.

Die Rolle im Bergdoktor gleicht für Monika Baumgartner einem Lottogewinn. Im gesamten Drehzeitraum sind ein fester Arbeitsplatz und ein festes Einkommen garantiert.

Dabei hat sie viel Spaß als Filmmutter Lisbeth Gruber, auch wenn es ihr die erwachsenen Söhne Hans und Martin manchmal nicht leicht machen. Und nun holt sie auch noch die Filmvergangenheit ein. Alte Narben brechen auf. Manchmal ist es im Film wie im wahren Leben.

Für Sie, liebe Monika Baumgartner, Gesundheit, fröhliche Menschen an Ihrer Seite, viele schöne Erlebnisse und Gottes Segen.

1 *Ein ganz besonderer Tag*

Mai 2017.

Ich bin gerade im Hotel „Gasthof zum Wilden Kaiser" in Scheffau aufgewacht und die Sonne schaut schon hinter den Bergen hervor, laut Wetterbericht wird es ein warmer Frühlingstag. Schon lange habe ich mich auf meinen Urlaub am Wilden Kaiser gefreut, weil ich mir unbedingt die Heimat des Bergdoktors ansehen will. Heute wird es bestimmt ein sehr spannender Tag. Ich gehe zum Bergdoktorfantag und kann mir noch gar nicht vorstellen, wie so ein Fantag abläuft. Um 13:00 Uhr will ich oben im Dorf auf dem Dorfplatz sein. Bis dahin habe ich noch genügend Zeit und kann in aller Ruhe frühstücken. Im Frühstücksraum sitzen noch andere Gäste und ich bekomme mit, dass einige von ihnen auch zum Bergdoktorfantag wollen. Wir kommen ins Erzählen: Manche waren schon einmal da, sie berichten uns Neuen wie der Bergdoktorfantag in den vergangenen Jahren abgelaufen ist. Nach dem Frühstück überlege ich mir, was ich anziehe und entscheide mich für mein schwarz-weiß geblümtes Dirndl mit roter Schürze, das sollte gut zu diesem Anlass passen. Leider habe ich zu Hause nur wenig Gelegenheit, mein Dirndl zu tragen. Da ich nichts weiter vorhabe, mache ich mich auf den Weg und schlendere langsam die Fahrstraße bergauf zum Dorfplatz. Ich finde, dafür, dass ich so früh dran bin, sind schon recht viele Leute da. Das Gelände hinter der Kirche ist weiträumig abgesperrt und hinter der Absperrung auf dem Festgelände geht es hoch her: Da werden gerade Getränke und Speisen gebracht, Mikrofone ausprobiert und die scheinbar letzten Bierbänke hereingetragen. Die Sonne meint es gut mit uns und strahlt auf den Dorfplatz von Scheffau, es wird langsam sehr warm und ich muss in den Schatten flüchten. Gut, dass ich schon so früh da war, inzwischen ist die Schlange der Wartenden schon sehr lang, sie reicht bis vor zur Straße und immer mehr Leute kommen dazu. Es wird bestimmt nicht mehr lange dauern, bis das Eingangstor geöffnet wird. Nach ungefähr 15 Minuten ist es so weit. Die jungen Damen am Einlass legen jedem Gast ein Einlassbändchen in Gelb, Weiß, Grün oder Blau um das Armgelenk, ich bekomme ein grünes Bändchen. Noch ahne ich nicht einmal, dass dieses Bändchen heute noch eine große Bedeutung hat. Endlich kann ich auf das Festgelände. Es sieht schön aus: Die Bühne ist mit bunten Blumen geschmückt, daneben eine große Leinwand, in der Mitte des Geländes stehen unzählige Bierbänke und rund um den Festplatz werden Getränke und Speisen aus Tirol angeboten. Ich denke, in den nächsten Stunden wird hier viel los sein.

Viele haben sich schon mit blauen Hüten den Kopf bedeckt, die am Bergdoktorstand mit vielen anderen Fanartikeln angeboten werden. Ihre weiße Banderole kann gleich genutzt werden, um sich darauf ein Autogramm der Schauspieler geben zu lassen. Mir fällt gerade auf, dass auf den Bierbänken blaue Sonnenbrillen mit einer Hülle liegen, auf die ein Foto der Bergdoktorfamilie aufgedruckt ist. Ich finde, das sieht total lustig aus. Ich suche mir einen Platz relativ weit vorn aus, um möglichst nahe am Geschehen auf der Bühne zu sein. Neben mir sitzt eine Dame im mittleren Alter. Sie ist sehr aufgeregt und redet gleich auf mich ein, erzählt, dass sie zu jedem Fantreffen kommt und sich extra Urlaub dafür nimmt. Sie kennt jede Bergdoktorfolge und freut sich total auf die Schauspieler. Sie hat schon viele Fotos und Autogramme von ihnen, aber das reicht ihr nicht. Sie will weiter sammeln und jedes Jahr kommen zwei Fotos von jedem Schauspieler dazu. Annemarie, so heißt die Dame, strahlt über das ganze Gesicht. Sie kennt sich komplett mit den Fantreffen aus und erzählt mir schon einmal wie alles abläuft, wo die Fans überall herkommen und wie einzigartig die Treffen immer sind.

Inzwischen wird es auf dem Festplatz immer voller, es geht zu wie auf einem Ameisenhaufen. Auf der Leinwand werden gerade Ausschnitte aus vergangenen Fantreffen eingespielt und Annemarie ist hell begeistert, als sie sich auf der Leinwand sieht und noch einmal die

Interviews hört, die bei den Treffen gemacht wurden.
Doch plötzlich wird es ganz still, manche Leute sind
ganz blass im Gesicht, andere werden knallrot, bei einigen kullern Tränen und es geht ein Raunen durch die
Reihen: Ich habe sie gesehen, sie sind da, es geht gleich
los. Und tatsächlich geht es los, auf der Bühne werden
ein letztes Mal die Mikrofone überprüft und es beginnt
die Anmoderation durch eine junge Dame des ORF. Sie
trägt ein knielanges, knallrotes Kleid und sie schafft es,
die Spannung noch einmal so richtig hochkochen zu
lassen.

Jetzt kommen die Schauspieler alle nacheinander
auf die Bühne: Monika Baumgartner, Ronja Forcher,
Natalie O'Hara und natürlich Hans Sigl. Auf genau
diesen Moment haben alle Fans gewartet. Wegen dem
Bergdoktor und seinen Schauspielerkollegen sitzen sie
hier. Sie sind zum Teil von sehr weit her angereist, aus
Norwegen und Schweden und eine ältere Frau ist sogar
aus Kanada gekommen. Sie wurde im Vorfeld von der
Dame des ORF interviewt und sie sagte, das Fantreffen ist es ihr wert, ihren Idolen die Hand zu schütteln,
ein Foto machen zu können und ein Autogramm zu bekommen. Manchmal klappt auch ein kurzer Schwatz
mit dem Bergdoktor oder mit seiner Filmmama Lisbeth
und seiner Filmtochter Lilli.

Was den Fans auch gefällt, ist das Zusammensein mit
Gleichgesinnten, die sie zu Hause in dieser großen Zahl
nicht haben. Bei dem Treffen können sich alle ganz

ausführlich unterhalten und werden nicht komisch angeschaut, wenn sie den Schauspielern an den Lippen kleben. Es ist eine tolle Atmosphäre, die sich auf dem Dorfplatz von Scheffau ausbreitet, voller Spannung und Geheimnisvollem zugleich. Als Siegfried Rauch die Bühne betritt, bekommt er eine standing ovation und ich habe in diesem Moment nie gedacht, dass wir einige der Letzten sind, die ihn persönlich kennenlernen dürfen. Niemand hat auch nur den Gedanken, dass er bald nicht mehr zur Filmfamilie gehört. Er wirkt fit und voller Elan. Sigi, wie sie ihn alle nennen, berichtet von seinem Wald zu Hause und wie er sich nach jedem Dreh freut, dort spazieren gehen zu können. Er erzählt von seiner Frau, die gern einmal mit ihm verreisen möchte, während er viel lieber daheim ist. Er berichtet lächelnd von seinem Dreh beim Bergdoktor, aber auch, wie es ihm erging, als er das erste Mal als Kapitän in schicker Kapitänsuniform das Traumschiff betrat. Er kannte den Weg zur Brücke nicht und bat Mitreisende um Hilfe, die jedoch seine Frage für einen Scherz hielten, sodass er sich den Weg selbst suchen musste, es aber irgendwie schaffte, noch pünktlich zum Dreh auf der Brücke zu sein.

Am 11. März 2018 stirbt Siegfried Rauch mit 85 Jahren überraschend an Herzversagen in seinem Wohnort Untersörchering in Oberbayern.

Jetzt nimmt Ronja das Mikrofon in die Hand und berichtet davon, wie sie zum Film kam. Sie erzählt, dass sie zu einem Casting eingeladen wurde und ziemlich erschrak, als der Raum, in dem sie auf ihren Aufruf warten sollte, schon übervoll war. Da hofften viele auf ihre Chance und sie hatte Glück ... Nun gehört sie zur Gruberfamilie, in der sie sich sehr wohlfühlt, auch wenn sie es mit ihren beiden Vätern nicht immer leicht hat. Doch auch im „richtigen" Leben ist Ronja superglücklich. Daran ist auch ihr Freund „schuld". Ronja liebt es, sonntags auszuschlafen und gemütlich zu frühstücken. Dann plaudert Monika Baumgartner über ihr Leben als Filmmama von Hans und Martin und als Oma von Lilli. Sie fühlt sich in ihrer Rolle sehr wohl. Voller Begeisterung erzählt Monika Baumgartner auch von ihrer Rolle im Zigeuner-Baron. Über diese Rolle freut sie sich sehr, nicht zuletzt, weil es mit guten Rollen für „ältere" Damen nicht so gut aussieht. Sie spielt in Kufstein die Kaiserin Maria Theresia. Sie verrät auch, dass sie unheimlich gern einmal bei „Let's Dance" mitmachen würde. Sie liebt tanzen und findet es unglaublich, was die Teilnehmer in kurzer Zeit alles lernen und mit welcher Perfektion sie tanzen. Leider ist sie dafür zu alt, sagt sie mit einem Lächeln im Gesicht. Von ihren Bergdoktorfans wird sie bejubelt und für sie ist sie keineswegs „zu alt".

Mit rauschendem Beifall wird Hans Sigl begrüßt. Er fängt gleich an zu erzählen und überall in den Reihen gehen die Hände zu Wortmeldungen nach oben. Die Fans wollen ihre Fragen loswerden: Warum er denn in seinem grünen Mercedes unangeschnallt fahren darf, interessiert einen Herrn aus den hinteren Reihen. Die Antwort ist einfach, weil es in seinem Mercedes keine Anschnallgurte gibt. Wo denn sein einziger Freund Mark Keller ist, wird von einem kleinen Jungen gefragt. Hans Sigl reagiert prompt und ruft Herrn Keller auf dem Handy an, der rangeht und antwortet: „Mich hat niemand eingeladen". Da redet er sich wohl eher heraus, denn von den Damen des Tourismusverbandes wird versichert: Klar war er eingeladen. Immerhin besteht für die Fans die Hoffnung auf ein Treffen mit Mark Keller beim nächsten Fantreffen.

Gefragt nach der neuen Staffel, kündigt Hans Sigl viel Spannung an. Er verrät, dass Christian Kohlund als sein Onkel auftauchen wird, was viel Aufregung in das Familienleben der Grubers bringt. Jeder der Anwesenden darf seine Fragen stellen, alle werden beantwortet und das Mikrofon wandert durch die Reihen. Erst als die letzte Frage beantwortet ist, geht es auf zur Foto- und Autogrammstunde. Das ist der nächste Tageshöhepunkt.

Jetzt wird uns allen klar, warum wir bunte Bändchen um die Handgelenke haben: die Bändchenfarbe bestimmt, wann wir zur Foto- und Autogrammstunde dran sind. Das Los entscheidet über die Reihenfolge der Farben. Blau wird als erste Farbe ausgelost, also dürfen alle Fans mit blauem Bändchen zuerst zu den Schauspielern gehen. Die Schauspieler sitzen im Foyer der angrenzenden Schule und warten auf ihre Fans, die schubweise hereinkommen. Meine Farbe wird zuletzt ausgelost. Als ich das mitbekomme, überlege ich, ehrlich gesagt, ob ich wirklich so lange warten will. Es sind noch drei Farben vor mir dran und mir ist klar, dass es lange dauert. Doch ohne ein persönliches Autogramm der Schauspieler fehlt etwas, deshalb bleibe ich. Meine anfängliche Befürchtung, das Warten könnte langweilig werden, bestätigt sich zum Glück nicht. Ich schwatze mit den Leuten und auf der Bühne spielt eine Blaskapelle. Die Zeit vergeht schneller, als ich gedacht habe und um 19:00 Uhr bin ich dran. Die Schauspieler sind trotz der späten Zeit immer noch erstaunlich gut gelaunt und erfüllen alle meine Autogrammwünsche. Sogar für Fotos ist Zeit. Gut, dass ich gewartet habe. Auf dem Weg zurück ins Hotel denke ich bei mir: Schön war es auf dem Bergdoktorfantreffen und freue mich auf ein leckeres Abendbrot. Wahrscheinlich esse ich heute Kassspatzl mit buntem Salat, das mag ich sehr gern.

Siegfried Rauch und Angela Bardl beim Fantreffen 2017

2 *Mit dem Traktor unterwegs*

Heute will ich zum Gruberhof. Nachdem ich gestern auf dem Fantag fast die gesamte Gruberfamilie (nur Hans hat gefehlt) gesehen habe, bin ich ganz neugierig auf den Hof. Im Fernsehen und auf Fotos sieht er toll aus. Annemarie hat mir gestern erzählt, dass es vom Bergdoktorparkplatz aus (er ist an der Talstation der Gondelbahn in Söll), immer auf der Straße entlang bergauf geht und der Weg teilweise recht steil ist. So richtig Lust hochzulaufen habe ich nicht. Mir fällt ein, dass ein Traktorzug vom Bergdoktorparkplatz aus zum Gruberhof fährt, mit dem werde ich nach oben fahren. Ich ziehe mir mein Dirndl von gestern wieder an und mache mich los. Zum Parkplatz nach Söll nehme ich mein Auto. Das steht gleich vor dem Hoteleingang. Schon beim Einbiegen auf den Parkplatz in Söll sehe ich sehr viele Leute, die wahrscheinlich dieselbe Idee wie ich haben. Ich kann nur hoffen, noch einen Platz im Traktorzug zu bekommen. Ich stelle schnell mein Auto ab und renne hinüber zur Haltestelle. Ich muss nicht lange warten, da kommt schon der Traktorzug gefahren und hält. Der Traktorfahrer, ein Herr in den besten Jahren mit Lederhose und kariertem Hemd, steigt aus und begrüßt alle. Er will schnell wieder losfahren und fordert uns zum Einsteigen auf. Ich habe es geahnt, alle Plätze sind gebucht, es gibt keinen freien Platz mehr, ich hätte im Voraus buchen müssen. Der Traktorfahrer sieht mir meine Traurigkeit an und lächelt: Wenn ich will, könnte ich ganz vorn neben ihm sitzen. Kurz überlege ich, wie ich mit meinem knöchellangen Dirndl auf den Traktor komme, schiebe den Gedanken jedoch gleich wieder weg und steige auf. Das geht auch gar nicht so schwierig, wie ich gedacht habe.

Die Fahrt nach oben ist große Spitze. Der Traktorfahrer ist sehr lustig und macht ganz nach dem Motto: Hab mein Wagel vollgeladen …, seine Witze über die Fans. Er erzählt mir auch über sich und den Traktorzug. Ich erfahre, dass der Traktorzug extra für die Fahrten zum Gruberhof gebaut wurde und eine lange Geschichte hat: Der Traktorfahrer ist der Herr Senior Peter Eisenmann und der Traktorzug gehört ihm. Er hatte auch die Idee zum Bau dieses Zuges. Ich erwähne Senior nicht wegen des Alters, sondern weil lustigerweise alle männlichen Nachkommen in der Familie Eisenmann Peter heißen, das ist Familientradition. Nur der jüngste Nachkomme hat zwei Vornamen, er heißt David Peter und ist sechs Jahre alt. Senior Peter lebt mit seiner Familie auf dem Gruberhof, das ist jedoch nicht der Filmhof Gruberhof, denn der heißt in Wirklichkeit Köpfinghof. Der Gruberhof, auf dem Peter lebt, liegt etwas abseits des Weges zum Filmhof. Peter kam zunächst auf die

Idee, mit seinen Kutschen Fans zum Filmhof zu fahren und machte das auch. Die Kutschen wurden von einem Oldtimertraktor gezogen, das kam richtig gut an, pro Kutsche konnten 25 Personen transportiert werden. Im 7. Drehjahr des Bergdoktors begann die große Erfolgswelle der Serie, die Drehorte wurden interessanter und immer mehr Menschen wollten auch den Filmort Gruberhof sehen. Der Ansturm von Autos verursachte ein Verkehrschaos und so war schnell klar, dass man die private Zufahrt schließen muss. Die Leute gingen nun größtenteils zu Fuß zum Filmhof, denn mit seinen beiden Kutschen konnte Peter der Nachfrage in keinster Weise mehr gerecht werden. Er überlegte, was er anders machen kann und aufs Erste fiel ihm ein Anhänger ein. Er dachte da an einen Wagen, so ähnlich wie die in großen Vergnügungsparkanlagen, doch diese Idee verwarf er schnell wieder, er wollte etwas Originelles, etwas, das zu seinem Traktor passt und so fing Peter an, zu recherchieren, konnte jedoch in Tirol nicht fündig werden. Er gab mit der Suche nach einer Firma, die seine Idee realisieren konnte, nicht auf und fand die Stahlfirma Haser in der Nähe von Riesa im deutschen Bundesland Sachsen. Die kleine Firma konnte sich durchaus vorstellen, für Peter einen Hänger nach seinen Vorstellungen für den Traktor zu bauen. Peters Idee wurde sehr schnell Realität, denn Dirk, von der Firma Haser, besuchte Peter im Winter 2014 und in drei Nächten stand die Konstruktion für den Spezialanhänger. Schon im Mai war er fertig und konnte geliefert werden. Er hat Platz für maximal 40 Personen und ist behindertengerecht gebaut. Doch damit nicht genug, nun musste ein starkes Zugpferd ran. Also kaufte sich Peter noch einen 100 PS starken neuen Traktor. Mit seinem Traktorzug fährt Peter nun von Mai bis Oktober Gäste zum Filmort Gruberhof.

Wenn man auf Nummer sicher gehen will, dass auch ein Platz frei ist, empfiehlt es sich, die Fahrt rechtzeitig im Voraus zu buchen. Das geht direkt in den Tourismusbüros von Söll, Ellmau, Scheffau und Going oder im Internet auf der Seite vom Tourismusverband Wilder Kaiser, denn nicht immer hat man das Glück, vorn neben Peter sitzen zu dürfen.

Es gibt zwei Möglichkeiten der Tourgestaltung. Die erste Möglichkeit besteht darin, direkt mit dem Traktor hinauf zum Filmhof Gruberhof zu fahren. Bei der zweiten Möglichkeit wird zwischendurch Rast gemacht. Diese Tour fahren wir gerade und sind auch gleich am Hof von Peter Eisenmann angelangt. Die Tische sind für uns schon eingedeckt und Peter verrät uns, dass es Tiroler Spezialitäten gibt. Ich sitze auf der Terrasse und habe einen freien Blick auf die Hohe Salve. Das ist einer der schönsten Aussichtsberge in Tirol. Von der Aussichtsplattform der Hohen Salve hat man einen tollen Rundblick und ein Teil der Plattform dreht sich. Da will ich auch noch einmal hin. Jetzt geht es schon mit dem Essen los. Das ist sehr lecker: verschiedene Salate, Tiroler Gröstl mit Krautsalat, Rinderbraten vom Rind aus der eigenen Kuhhaltung, Sauerbraten und viel selbstgebackenen Kuchen. Ich fühle mich sehr satt und bin froh, dass ich nicht zu Fuß weitergehen muss, sondern mich entspannt auf den Traktor setzen kann. Die Fahrt bis zum Filmhof dauert nicht mehr lange und es ist total lustig, an den Wanderern vorbeizutuckern und ihnen zu winken. Jetzt sind wir auch schon da, alles ist so wie im Film. Ein schönes Plätzchen mit herrlichem Blick hinunter ins Tal. Peter ist hier täglich Gast und berichtet, was los ist, wenn gedreht wird. Gedreht wird meist am Nachmittag, zu dieser Tageszeit sind die Lichtverhältnisse optimal und die Sonne scheint direkt auf den Frühstückstisch der Terrasse. Dann müssen die Schauspieler ihr Können unter Beweis stellen: So tun, als ob sie gerade aufgestanden sind, etwas verschlafen gucken, „Guten Morgen" sagen.

Allerdings scheint die Sonne nicht auf Bestellung. Es ist gar nicht so einfach, den perfekten Drehtag zu erwischen.

Besonders interessant ist für mich die Geschichte des Gruberhofes. Dieses alte Bauernhaus gehört der Familie Mayr. Sie vermietet es an die Produktionsfirma und dadurch kann es zum Dreh vom Bergdoktor genutzt werden. Frau Mayr wartet schon auf uns und ein Schnapsl steht auch bereit. Es gibt Obstler aus einer Schnapsbrennerei in Tirol und gemeinsam stoßen wir auf unsere Gesundheit an.

Bei einem Schwatz in ihrer Küche erzählt Frau Mayr, wie das damals war mit dem Hof und mit dem Fernsehen und wie sich das alles so entwickelt hat. Der Bauernhof heißt Köpfinghof und ist ungefähr 400 Jahre alt. Er ist ein Einheitshof, das ist ein Hof, bei dem die Wohnung der Familie und der Stall unter einem Dach sind. Im Obergeschoss führt eine Tür direkt in den Stall. Hinter der Tür des Flures liegt gleich das Heu für die Kühe. Frau Mayr erzählt, dass die Familie zur Zeit 15 Kühe hat, damit betreiben sie Mutter-Kuh-Haltung. Die Milch ist also nur für die Kälber. Im Sommer sind die Kühe auf der Alm, im Herbst werden sie von der Alm zurück in den Stall gebracht und verbringen dort die Zeit bis zum Frühjahr. Wenn im Oktober gedreht wird, sind auch die Kühe da. Werden die Tiere im Dreh nicht gebraucht, darf niemand mitbekommen, dass sie überhaupt da sind, die dürfen dann nicht „muh" machen. Diesen Augenblick abzupassen ist für das Drehteam schon eine Herausforderung. Besonders beeindruckt bin ich von der Wohnküche mit dem alten Herd, an dem noch die Platten je nach Topfgröße herausnehmbare Ringe haben. So einen alten Ofen hat meine Mama auch noch zu Hause. Ich erinnere mich, wie wir darauf gekocht haben. Besonders im Winter war das sehr praktisch, weil der Ofen da sowieso geheizt wurde. In der Wohnküche gibt es auch eine Hühnerbank. So etwas habe ich noch nie gesehen. Das ist eine lange Bank, auf der man sitzen kann und direkt unter der Bank ist ein

Hohlraum, der ein Gitter an der Vorderfront hat. Bis in die 50er-Jahre wurden dort im Winter die Hühner gehalten, erzählt Frau Mayr. Draußen war es zu kalt und in der warmen Wohnstube fühlten sie sich wohl und legten fleißig Eier. Auf dem Hof gibt es auch eine Katze. Sie schläft irgendwo im Heu, sodass ich sie leider nicht streicheln kann. Damit die Tiere jeden Tag gut versorgt sind, pendelt die Familie Mayr täglich. Sie wohnen unten im Tal und kommen jeden Tag, das ganze Jahr über, hoch auf ihren Hof. Mitte der 70er-Jahre stand der Hof zum Verkauf. Mit dem Kauf dieses Hofes erfüllten sich Aluisa und Peter Mayr einen Herzenswunsch, sie wollten schon immer einen Hof haben, um ihr Alter oben auf dem Hof genießen zu können. Frische Luft, Ruhe, toller Blick. Leider kam alles anders. Peter Mayr verstarb. Aluisa wäre allein auf dem Hof gewesen und hätte sich wahrscheinlich sehr einsam gefühlt. Plötzlich kam die Anfrage vom Fernsehen. Ein Team von Fernsehleuten wollte den Hof zu Drehzwecken nutzen, den Tipp hatte den Fernsehleuten das Tourismusbüro in Söll gegeben. Das fanden die Mayrs gar nicht gut. Mit diesem Gedanken konnte sich Frau Mayr nicht anfreunden, den ganzen Sommer über fremde Menschen auf ihrem Hof, Kameras, Scheinwerfer, Unmengen an Kabeln, Mobiliar, das eigentlich nicht in das Haus gehört und lauter so befremdliche Sachen. Dann wollte sie lieber allein auf dem Hof sein und die Ruhe genießen. Immerhin besteht das gesamte Drehteam aus ungefähr 70 Leuten, dazu kommen sieben Lkws, die dann 20 bis 30 Drehtage auf dem Gelände verbringen. Lange wurde mit Frau Mayr verhandelt, das Team vom Fernsehen gab einfach keine Ruhe, sie wollten unbedingt auf ihrem Hof drehen. Sie kamen ständig wieder und redeten mit ihr. Frau Mayr stimmte dann schließlich unter der Bedingung zu, dass sie bestimmen darf, was verändert werden kann. Während Frau Mayr mit uns erzählt, kocht ihr Schwager das Mittagessen. Es stört ihn keineswegs, dass da immer mal wieder jemand hereinkommt, neugierig schaut und Fotos macht.

Jetzt gehen wir noch die Holztreppe hinauf nach oben, es riecht nach frischem Heu. Dort können wir uns die Zimmer von Lilli, von Martin und von Hans anschauen. Auf den Betten liegen grüne Abdeckplanen, sie schützen die Betten, damit sie nicht immer wieder neu hergerichtet werden müssen. Wir wundern uns, dass es für Lisbeth kein Zimmer gibt. Wir meinen, uns zu erinnern, dass es in einer Bergdoktorfolge einmal eine Szene gab, in der Lisbeth im Schlafzimmer auf der Bettkante saß und alte Fotos anschaute. Lisbeth hat tatsächlich kein Zimmer und wenn im Dreh ein Zimmer für sie notwendig ist, wird ganz schnell umgebaut und innerhalb kürzester Zeit ist alles hergerichtet. Der Zuschauer zu Hause am Bildschirm merkt davon nichts, er ist der festen Überzeugung, dass Lisbeth ein Schlafzimmer hat. Frau Mayr öffnet uns auch die Tür zum Stall. Gleich hinter der Tür liegt tatsächlich jede Menge

Heu, das ist der Wintervorrat, die Tiere sind noch auf der Almwiese. Wir gehen wieder nach unten. Beim Heruntergehen fallen uns einige Bilder im Flur auf. Ich zumindest bilde mir ein, sie schon einmal in einer Folge des Bergdoktors gesehen zu haben.

Die Möbel im Erdgeschoss und die Dekorationsgegenstände der Wohnung, wie zum Beispiel Bilder, sind eine Mischung aus dem Eigentum der Familie Mayr und dem Drehinventar. Wenn nicht gedreht wird, kommen alle Drehutensilien weg. Vorher wird alles fotografiert, damit beim Wiedereinrichten keine Pannen passieren. Nun interessiert uns noch die Terrasse, weil sich im Bergdoktor dort die Familie zum Frühstück trifft. Die bleibt immer so, von einigen Blumenkübeln einmal abgesehen, aber da essen wir nie, meint Frau Mayr. Die Sachen die Treppen hinunter bis zur Terrasse zu tragen, ist uns zu umständlich, da setzen wir uns dann doch lieber gemütlich an den Tisch und auf die Bank, die gleich neben der Eingangstür stehen.

Lachend berichtet Frau Mayr noch, dass sie der festen Überzeugung war, die Drehleute sind nicht lange da und dann hat sie wieder ihre Ruhe. Da hat sie sich wohl geirrt, denn weg ist bis heute niemand, alle sind noch da und es wird fleißig gedreht. Inzwischen ist Familie Mayr froh, dass alles so gekommen ist. Frau Mayr ist im Ruhestand und hat eine neue Aufgabe gefunden. Nie hätte sie gedacht, dass es so schön ist, wenn viele Leute da sind. Wenn das Drehteam weg ist, sind es die Besucher, die ganz neugierig auf ihrem Hof umherschleichen und denen sie, ihre Schwester, ihr Schwager und wer sonst von ihrer Familie gerade mit auf dem Hof ist, viel erzählen können.

Herr Eisenmann hupt, ich muss los, doch ich komme auf alle Fälle wieder. Die Fahrt zurück geht schnell, da wir keinen Zwischenstopp machen. Wir überholen viele Wanderer, die vom Filmhof auf dem Weg zurück sind.

Meinen nächsten Besuch auf den Gruberhof werde ich wahrscheinlich auch zu Fuß machen. So dramatisch, wie ich dachte, ist das nicht. Wie ich jetzt mitbekommen habe, sind es gerade mal dreieinhalb Kilometer vom Bergdoktorparkplatz bis nach oben. Man geht vorbei an Wiesen und Weideflächen. Die Glocken der Kühe läuten und mit etwas Glück sieht man auch das eine oder andere Kälbchen. Es gibt immer wieder tolle Ausblicke auf den Bromberg, den Pölven, die Hohe Salve und auf den Wilden Kaiser. Dafür lohnt es sich, die 300 Höhenmeter in Kauf zu nehmen. Ich könnte auch die sogenannte Gruberhof-Runde nehmen. Sie geht oberhalb des Gruberhofes los. Auf dem Weg Nr. 52 a läuft man in Richtung Bromberg bis zur Brombergstraße und von dort links weiter auf dem Weg vorbei an einigen Gehöften. Dann führt der Weg durch den Wald über den Marchentalbach und den Stampfangerbach bis zur Stampfangerkapelle oberhalb des Bergdoktorparkplatzes. In dieser Kapelle wurde übrigens auch Peter Eisenmann getraut. Ich würde sie mir gern einmal von innen anschauen, aber leider ist die Tür verschlossen. Heute habe ich auf alle Fälle alles richtig gemacht, die Fahrt mit dem Traktorzug war toll und der Gruberhof ist ein Muss für jeden Bergdoktorfan.

Streiflicht
Hans Sigl (Martin Gruber)

Hans Sigl wurde am 7. Juli 1969 in Rottenmann in der Steiermark (Österreich) geboren – er ist 1,90 Meter groß – Hans Sigl ist mit Susanne Kemmler, einer Fotografin, verheiratet und lebt mit ihr in Bayern – sein Sohn aus der Beziehung mit Katja Keller heißt Nepomuk Jim – am Landestheater in Innsbruck erhielt Hans Sigl die Ausbildung als Schauspieler, Sänger und Tänzer – bekannt wurde er vor allem durch seine Rolle bei SOKO Kitzbühel – seit 2008 begeistert Hans Sigl als Hauptdarsteller in der Fernsehserie Der Bergdoktor ein Millionenpublikum – er tritt außerdem mit einem eigenen Bühnenprogramm „Hintze und Sigl" auf – zu seinen Ehrenpreisen für hervorragende Schauspielkunst und als Publikumsliebling gehören mehrfach die Romy und die Goldene Henne

Drehort Gruberhof

Traktorzug vor dem Gruberhof

Die Grubers

3 Das „Inamana-Geheimnis"

Diese Nacht habe ich schlecht geschlafen und ich bin noch müde. Kopfschmerzen quälen mich auch. Jetzt frühstücke ich erst einmal, vielleicht geht es mir danach etwas besser. Mein Frühstückskaffee hilft leider nicht, da muss ich wohl doch eine Tablette gegen die Kopfschmerzen schlucken. Ich nehme Tabletten nicht so gern ein, vielleicht warte ich noch damit, habe Glück und die Schmerzen verschwinden wieder. Eigentlich habe ich mir für heute vorgenommen, hoch zur Gaudeamushütte zu wandern und eventuell auch noch ein Stück weiter. Im Hotel herumzusitzen bringt auch keine Besserung. Ich fahre mit dem Auto von Scheffau nach Ellmau, bleibe auf der Hauptstraße in Richtung Going und biege dann nach links in Richtung Golfplatz ab. Die Straße rechts am Golfplatz vorbei führt hoch zur Wochenbrunner Alm. Sie ist im letzten Teil mautpflichtig. Im Auto kommt mir eine Idee: Ich könnte doch zur Gaudeamushütte den Weg über den Ellmauer Steinkreis nehmen und schauen, wie es mir dort geht. Ich habe gelesen, dass der Aufenthalt am Ellmauer Steinkreis helfen kann, sich besser zu fühlen.
Gerade komme ich an der Mautstelle an, der ältere Herr

begrüßt mich ganz freundlich. Noch ist nicht viel los, es ist früh am Tag. An der Wochenbrunner Alm kann ich mir den Parkplatz aussuchen. So richtig Lust zum Loslaufen habe ich nicht. Gerade reißt die Wolkendecke auf und die Sonne zeigt sich. Ich setze mich auf eine der Holzliegen, die mit Blick in Richtung Wildgehege stehen. Um mich herum ist alles ruhig, die Rehe liegen friedlich in Grüppchen verteilt im Gehege. Die Sonne scheint mir ins Gesicht. Wenn ich nach rechts schaue, blicke ich auf den Wilden Kaiser und wenn mein Blick in die andere Richtung geht, sehe ich auf den deutlich sanfteren Hügeln den Hartkaiser und den Brandstadl. Der Wilde Kaiser thront förmlich über mir und wenn ich genau hinschaue, erkenne ich den Kaiser, wie er da oben liegt und schlummert. Er hat seine Hände gefaltet. Ganz friedlich liegt er da, der Kaiser Karl der Große; seine große Kaiserkrone fällt ihm fast vom Kopf. Es sieht so aus, als würde er blinzeln, weil ihm die Sonne ins Gesicht scheint. Er kann in Ruhe schlafen und bekommt trotzdem von da oben alles mit: Merkt der Kaiser, dass er gebraucht wird, dann wacht er blitzschnell auf, um die große Schlacht zu schlagen. Im Winter, wenn Neuschnee gefallen ist, kann man erahnen, wie es aussieht, wenn der Kaiser erwacht. Dieser Anblick ist dann wohl eher furchterregend. Das jedenfalls erzählt eine Sage, die sich um den Wilden Kaiser rankt.

Langsam wird es voller an der Wochenbrunner Alm, immer mehr Leute kommen mit dem Auto an. Das ist auch kein Wunder bei dem schönen Wetter, aber mir wird der Trubel zu viel. Ich mache mich auf in Richtung Ellmauer Steinkreis. Weit ist es nicht bis dahin, der Weg führt fast auf einer Höhe durch den Wald und schon nach ungefähr 30 Minuten bin ich da. Nur wenige Leute halten sich hier gerade auf. Das finde ich gut, viele Leute und Lärm wären mir heute nicht recht. Über den Ellmauer Steinkreis habe ich schon einiges gelesen. Es ist ein Ort, an dem „ein in sich geschlossenes" energetisches Natur-Kraftfeld vorhanden ist. Dafür wurden 20 eher große Steine sorgfältig ausgewählt und angeordnet. Bei der Anordnung war es wichtig, auf korrekte „Winkelkonstellationen" und „Felddimensionen" zu achten. In der Mitte der Steinformation befindet sich ein Stein, von dem aus energetische Strahlungsformen freigesetzt werden. Hält man sich in diesem mit Energie geladenen geschlossenen Feld auf, reagiert nach der Inamana-Forschungslehre der Körper mit körpereigenen Signalen wie zum Beispiel das Spüren innerer Unruhe. Innerhalb der Steinformation befindet sich auch ein großes Holzkreuz, das Energie in sich trägt. Diese Energie geht auf Steine über, die an das Kreuz gehalten werden. Nimmt man diese energiegeladenen Steine in die Hand, kann dies das eigene Wohlbefinden deutlich steigern. Alles um das Strahlungsspektrum bleibt zum großen Teil „Inamana-Geheimwissen". Die Inamana-Forschung beschäftigt sich mit der Entwicklung einer speziellen Methodik, mit deren Hilfe Verbindungen und Zusammenhänge sowie die Wechselwirkungen und Ausdrucksformen in lebenden Systemen begründet werden.

Meine Kopfschmerzen sind inzwischen etwas besser geworden, aber weg sind sie nicht. Und ich würde auch nicht behaupten, dass ich in Topform bin. Die Sonne scheint und ich habe Zeit. Also suche ich mir einen Stein aus und setze mich hin. Der Stein sieht zwar schön aus, ist zum Sitzen aber eher unbequem für mich. Deswegen halte ich Ausschau nach einem neuen Stein. Ich entscheide mich für einen ziemlich flach geformten Stein, auf ihm kann ich schon besser sitzen. Nach einer Weile tut mir auch da der Hintern ziemlich weh. Ich gebe mir noch eine dritte Chance und finde einen Stein, der ähnlich einem Stuhl mit kleiner Lehne geformt ist. Der ist gut, glaube ich. Er ist wirklich sehr bequem, selbst nach einer halben Stunde tut mir noch nichts weh. Ganz im Gegenteil, es ist schön, hier zu sitzen. Durch die Sonnenstrahlen erwärmt sich der Stein auch langsam. Ich sitze einfach so da, beobachte, wer kommt und geht und was die Leute hier so machen. Eine Familie macht Brotzeit, ein Herr liest in einem Buch, ein Pärchen schlendert durch die Steinformation. Ein junges Mädchen kommt mit einem kleinen Stein in der Hand zum Kreuz, um den Stein „aufzuladen", dann geht sie wieder. Mir gefällt es, hier zu sitzen und einfach nichts zu tun. Es ist ein sehr schönes Fleckchen Erde, ein fast freier Platz, auf dem

Steine liegen und von dem ich einen freien Blick auf die schroffen hohen Berge des Wilden Kaisers habe. Für spirituelle Menschen hat dieser Platz eine große Bedeutung. Sie spüren die Kraft, die von diesem Ort ausgeht. Doch muss man, glaube ich, keine spirituellen Erfahrungen mitbringen, um Ruhe innerhalb des Steinkreises zu finden. Die Kraft der Natur spüren zu wollen und etwas Zeit sind wichtig, um hier zur Ruhe zu kommen. Das klingt einfach, ist es aber nicht. Zu gefesselt sind wir im Alltag, in unseren Sorgen und Gewohnheiten. Die wenigen Tage Urlaub bringen zwar etwas Abwechslung in den nicht immer so schönen Alltagstrott, reichen aber nicht, um uns von den Fesseln zu befreien. Deshalb ist es normal, wenn wir beim ersten Besuch am Ellmauer Steinkreis nichts spüren und uns einfach über die etwas „sonderbar" angeordneten großen Steine, das Holzkreuz in ihrer Mitte und den schönen Blick auf den Wilden Kaiser freuen.

Das Wissen um den Ellmauer Steinkreis mag für die einen interessant, für andere durchaus Anregung sein, sich einmal auf ein spirituelles Erlebnis einlassen zu wollen und sich die nötige Zeit dafür zur Verfügung zu stellen. Die Idee zur Einrichtung des Steinkreises hatte Herr Peter Moser. Den Fans vom Bergdoktor ist er kein Unbekannter. Er hat sich mithilfe seines über 20 Jahre erworbenen Wissens in der Inamana-Forschung dazu entschieden, diesen Steinkreis zunächst zu erarbeiten und dann zu erstellen.

Während ich so sitze, geht mir einiges durch den Kopf. Irgendetwas ist hier anders, auch wenn ich es nicht benennen kann. Aber das macht ja nichts, ich fühle mich wie jemand, der etwas bekommt. Da fällt mir folgendes Bild ein. Ich denke, rein physikalisch betrachtet, funktioniert das Ganze nach dem folgenden Prinzip. Es gibt Sender und Antennen und es gibt Empfänger. Die Empfänger sind ich und die Menschen, die sich gerade jetzt mit mir hier aufhalten. Energie wird vom Punkt x über Antennen an mich und an die anderen Menschen hier weitergegeben. Wir können diese Energie nutzen, das geht aber nur, wenn wir, einmal bildlich gesprochen, auf „an" geschaltet sind. Nun sind wir, zum Glück, aber keine Maschinen, bei der sich ein Knopf so einfach umlegen lässt. Deshalb müssen wir es erst lernen, die Energie, die uns von der Natur bereitgestellt wird, zu nutzen. Die Steine können uns dabei helfen. So unterschiedlich wie wir Menschen sind, ist auch die Form der Steine. Da gibt es eher kantige Steine und auch solche mit sehr geschmeidiger äußerer Form. Die Steine fühlen sich beim Berühren unterschiedlich an, manche Steine sind eher warm und andere Steine sind kühl.

Ich denke, feinfühlige Menschen haben es oft leichter, recht schnell den für sie passenden Stein zu finden. Sie nehmen darauf Platz und lassen die Begegnung mit der Natur auf meditative Weise zu. Sie spüren, dass da etwas mit ihnen passiert und das, was da passiert, tut ihnen gut. Es ist ein Zustand körperlicher und geistiger

Entspannung, der zum Abbau von negativem Stress, zu innerer Ausgeglichenheit, Gelassenheit und zu einer positiven Ausstrahlung führt. Man spricht in diesem Zusammenhang von einer Veränderung der Aura, die jeden Menschen umgibt. Es gibt Erfahrungsberichte von Menschen, die im Steinkreis Hilfe erfahren haben und die ihn wie „neu geboren" wieder verlassen haben, anderen Menschen fällt das „sich Einlassen" eher schwer.

Zum Steinkreis wurde auch ein Mandala erstellt. Das geht wegen der besonderen Anordnung der Steine sehr gut. Über dieses Mandala finden einige Menschen vielleicht einfacher Zugang zum Steinkreis. Das Mandala sollte man von der Mitte aus betrachten. Im Mandala hat jede Farbe eine Bedeutung. Jadegrün steht für weltliche Weisheit, hellblau für Vertrauen und Blau für Treue. Rot ist die Farbe der Liebe, orange die der Aufregung. Silber bedeutet Barmherzigkeit, grün Sympathie und weiß steht für Perfektion. (Quelle: www.inamana.com/fileadmin/user_upload/pdf.links/ellmauer.steinkreis.pdf; 9.9.2018)

Ich würde eher selbst ein Mandala gestalten wollen. Vielleicht bringe ich mir beim nächsten Besuch im Steinkreis einmal eine Mandalavorlage und Stifte mit und dann lege ich los. Interessant für mich ist, das mehrmals hintereinander zu tun und dann zu schauen, ob sich bei der Gestaltung des Mandalas etwas verändert. Vielleicht kann ich daraus Rückschlüsse auf meine mentale Verfassung ziehen. Ich habe auch noch eine andere Idee. Dabei stelle ich mir die „Sitzung" so vor: Jeder Teilnehmer sucht sich einen Stein, in dessen Nähe er sich aufhält oder auf dem er Platz nimmt. Er bekommt nun eine Mandalavorlage, die er langsam ausmalt. Dazu stehen ihm verschiedene Farben zur Verfügung. Das Experiment wird einige Tage später wiederholt und interessant ist dann zu sehen, ob und in welcher Weise sich die Gestaltung des Mandalas verändert. Da die Gestaltung des Mandalas eher unbewusst erfolgt, könnte dies der Draht zum Unterbewusstsein sein. Das, was sonst im Menschen unterbewusst abläuft, wird dann im farblich gestalteten Mandala sichtbar. Dadurch wird das Mandala zum inneren „Sprachrohr" und gibt Auskunft über den psychischen Zustand der Person. Das alles funktioniert natürlich nur, wenn sich die Person auf das Experiment einlassen will.

Über diesen Gedanken vergesse ich ganz die Zeit, ich weiß nicht einmal, wie spät es inzwischen geworden ist. Auch mein Handy hat nicht geklingelt, konnte es auch nicht, weil hier Funkstille herrscht.

Meine Kopfschmerzen habe ich auch „vergessen". Es war einfach schön, hier zu sein und zur Gaudeamushütte gehe ich später einmal. Die läuft mir nicht weg.

Ellmauer Steinkreis

4 Neuanfang

Nach dem Aufenthalt im Ellmauer Steinkreis mache
ich es mir nach dem Abendbrot im Hotel gemütlich.
Heute gab es als Vorspeise Nudelsuppe, als Hauptgang
Tafelspitz und zum Nachtisch kleine Marillenknödel
mit Vanilleeis. Einen bunten Salat konnte ich mir, wie
jeden Abend, selbst zurechtmachen. Das Essen ist immer sehr lecker, für meinen kleinen Bauch leider oft zu
viel. Häufig lasse ich die Nachspeise weg. Jetzt habe
ich Lust auf Bergdoktorschauen. Heute kommt die
11. Staffel. Doch vorher möchte ich mir gern noch den
Trailer dazu ansehen. Es ist nicht schwer, ihn im Netz
zu finden.

„Ich möchte, dass du es als Erster erfährst. Ich bin wieder da. Bruderherz." Ludwig Gruber, der Bruder von
Johann Gruber, Onkel von Hans und Martin, ist wieder
in Ellmau. Nach dem Tod seines Bruders hat er Ellmau
verlassen. Sein allererster Weg führt ihn auf den Friedhof. Er geht zum Grab seines Bruders. Wie reagiert
die Gruberfamilie auf seine Rückkehr? Wiedersehens-
freude auf dem Gruberhof, Empörung oder gar Verzweiflung? Es sind viele Jahre vergangen. Von Martin
bekommt er zu hören: „Pass mal auf, Ludwig. Es gab

eine Vereinbarung, dass du hier nie wieder auftauchst. Was willst du eigentlich in Ellmau?" Nach einer netten Begrüßung klingt das wohl eher nicht. Was ist damals passiert? Lisbeth fordert Martin sogar auf, er solle dafür sorgen, dass Ludwig wieder verschwindet. Nur Hans scheint das etwas anders zu sehen.

Gereizte Stimmung in der Familie. Sachen, die in der Luft liegen. Dinge, die wir nicht aussprechen, obwohl sie einer Klärung bedürfen. Wer kennt das nicht?

Dass im Hause Gruber wieder einmal die Luft brennt, merkt auch die Sprechstundenhilfe in der Praxis von Martin Gruber, deshalb kann sie sich nicht verkneifen zu sagen: „Ist mal wieder alles ziemlich schwierig bei Ihnen zu Hause." (Die Kurzzitate dieses Kapitels sind aus dem Trailer zur 11. Bergdoktorstaffel, abgerufen aus der ZDF-Mediathek am 08.01.2018.)

Wie wird das wohl bei den Grubers ausgehen? Schafft es die Familie Gruber diesmal, fest zusammenzuhalten? Bis jetzt hat das ganz gut geklappt. Lisbeth war immer der gute Geist im Hause Gruber, sie hat versucht, alles zu tun, damit sich ihre erwachsenen Söhne mit Lilli zu Hause wohlfühlen. Sie war der ruhende Pol, egal in welchen Nöten sich Martin, Hans oder Lilli befanden. Lisbeth hatte ein offenes Ohr für ihre Sorgen und Probleme. Manchmal setzten sich alle spät in der Nacht gemeinsam an den Küchentisch, um miteinander zu reden und um einander zuzuhören, wenn auch nicht eine sofortige Lösung gefunden werden konnte. Das

Erscheinen von Ludwig hat nun einen heftigen Wirbelsturm ausgelöst, vieles steht nicht mehr am rechten Fleck. Lisbeth wirkt durcheinander, verletzt und aufgeregt. Hat das, was damals passierte, denn eine so tiefe Wunde hinterlassen, dass diese Wunde nie wieder zuheilen kann oder kommt es eventuell noch schlimmer und es platzen die schon verheilten Narben wieder auf? Es kann auch sein, dass die Narben von damals noch gar nicht verheilt sind. Die sonst so überlegte und ausgeglichene Lisbeth gerät völlig außer Rand und Band, als sie von der Rückkehr Ludwigs erfährt. Weg ist ihre innere Ruhe, die Gelassenheit, das Nehmen der Dinge, so wie sie kommen. Sie will nichts von Ludwig hören. Sie will ihn nicht sehen. Sie will, dass er so schnell wieder verschwindet, wie er gekommen ist. Lisbeth wirkt völlig aufgewühlt, sie hat sogar Tränen in den Augen. Hans und Martin müssen etwas tun, das spüren die beiden deutlich. Lilli fühlt sich ebenfalls verantwortlich und will nicht einfach zusehen und nichts tun. Bei den Grubers scheint etwas völlig aus dem Gleichgewicht zu geraten. Jetzt müssen die Weichen neu gestellt werden. Gelingt ihnen das? Und was ist mit Ludwig? Hält er die Situation aus? Hat er sich das alles so vorgestellt? Eigentlich ist er von Wien zurück nach Ellmau gekommen, um sich mit Lisbeth auszusprechen. Er will mit ihr Frieden finden und er will mit sich Frieden finden. Nicht zuletzt, weil er denkt, er lebt nicht mehr lange. Die Ärzte in Wien haben ihm keine Hoffnung auf eine

Heilung seines Krebses machen können. Sein Lebensweg soll in Ellmau enden. Ludwig will hier sterben. Der Trailer ist spannend, die 11. Staffel scheint interessant zu werden, doch irgendwie entsteht bei mir das Gefühl, das mit Ludwig und Lisbeth kommt ganz anders als geplant. Wie, weiß ich auch nicht, ich bin sehr neugierig, was in der Staffel passiert und freue mich darauf.

Doch so richtig lange hält meine Freude nicht an. Das habe ich nicht erwartet, denn eigentlich bin ich nicht so schnell den Tränen nahe, aber was da passiert, bringt mich zum Weinen. So kenne ich den Martin eigentlich gar nicht, sein Verhalten schreckt mich ab. Onkel Ludwig tut mir leid. Schon als Martin den blauen Jeep mit Wiener Kennzeichen von seinem Onkel Ludwig vor dem Friedhof parken sieht, verfinstert sich sein Gesicht. Das irritiert mich schon einmal sehr, denn für mich ist der Friedhof ein Ort der Ruhe, da hat Streit keinen Platz.

Die Begegnung zwischen Martin und seinem Onkel Ludwig dauert auch keine fünf Minuten und lässt Ludwig die Kälte in Martin spüren. Das, was damals geschah, liegt 25 Jahre zurück. In Martin kocht Wut und Unverständnis hoch. Warum hält sich Ludwig nicht an die damals getroffene Vereinbarung? Er sollte nie, nie wieder in Ellmau aufkreuzen. Was will er hier, will er erneut Unruhe stiften? Mit Unmut nimmt Martin den zerknautschten Briefumschlag, auf den Ludwig seine

Telefonnummer aufgeschrieben hat. Als Ludwig ihm sagt, er habe sich unweit von Ellmau eine Hütte gemietet, kann sich Martin nur mit Mühe beherrschen. Sein Gesicht verfinstert sich immer mehr, die Telefonnummer steckt er missmutig ein. Lilli, die das Geschehen aus der Ferne unfreiwillig mit ansieht, ahnt zu diesem Zeitpunkt nicht, dass der ältere Herr, mit dem ihr Papa da diskutiert, ihr Onkel Ludwig ist. Doch sie bemerkt, da stimmt etwas nicht. Ihr Papa wirkt aufgewühlt und den Mercedes darf sie auch nicht nach Hause steuern, obwohl sie gerade ihre Fahrprüfung erfolgreich bestanden hat und eine Belohnung verdient hätte. Irgendwas hat es mit dem Fremden auf sich. Im Hause Gruber herrscht eine, geschmeichelt ausgedrückt, gereizte Stimmung unter den Brüdern. Schweigend wird das Frühstück hinuntergewürgt und Fragen bleiben unbeantwortet. Lisbeth weiß von nichts und kann nicht einmal erahnen, was sich da gerade wieder einmal unter ihren Söhnen abspielt. Liegt es etwa immer noch daran, dass Martin dafür gesorgt hat, dass Anne nicht mehr den Gruberhof unterstützt? Oder gibt es da schon wieder neue Frauengeschichten, die die Stimmung unter den Brüdern anheizt? Noch ahnen weder Lisbeth noch Lilli, was da auf sie zukommt.

Ich bin etwas verwirrt, so einen Staffelstart habe ich mir nicht vorgestellt. Darüber muss ich erst einmal eine Nacht schlafen und das Ganze verdauen. Auf alle Fälle wird es noch sehr viel Aufregung bei den Grubers geben; ich hoffe sehr, dass sich die Wogen etwas glätten.

Ronja Forcher (Lilli Gruber)

Ronja wurde am 7. Juni 1996 als Tochter des Schauspielers Reinhard Forcher und der Geschäftsführerin einer Tiroler Casting-Agentur, Dr. Ursula Keplinger-Forcher, in Innsbruck geboren – am Theater in Innsbruck bekam sie schon mit sechs Jahren Kinderrollen – schon mit sieben Jahren spielte sie im Kinofilm Okariki Oraku mit – sie besuchte für ein Jahr in Wien die Schauspielschule – ihre Fans kennen sie aus Filmen wie „Tal des Schweigens" oder „Für immer Afrika" – beim Bergdoktor ist Ronja Forcher als Lilli Gruber, das Mädchen mit den zwei Vätern, zu sehen – Ronja Forcher liebt sich selbst und findet sich sexy – für die Titelseite des Playboy zog sie sich nackt aus – sie ist in einer festen Beziehung mit Felix Briegel – Ronja hat eine sehr innige Beziehung zu ihrer Oma – sie schläft gern lange und mag es, gemütlich zu frühstücken

5 Zu Besuch bei Onkel Ludwig

Heute will ich Onkel Ludwig besuchen. Mein Wecker klingelt um 7:00 Uhr, ich muss früh los, wenn ich den Besuch auf der Hütte in Ruhe schaffen will. Bis zur Hütte ist es weit zu fahren, das habe ich schon recherchiert. Um zur Hütte zu kommen, muss ich nach Ramsau/Hintersee ins Berchtesgadener Land. Das sind von Scheffau aus ungefähr 90 Autominuten Fahrzeit. Macht nichts. Los geht's. Es ist zum Glück nicht viel los auf den Straßen. Ich komme zügig voran. Mein Auto will ich auf dem Parkplatz gegenüber der Haltestelle des Almerlebnisbusses abstellen. Ich habe Mühe, ihn zu finden. Mir ist nicht klar, dass ich erst den ganzen Ort Hintersee durchfahren muss, bevor der Parkplatz kommt. Jetzt bin ich da. Ich will noch schnell meine Wanderschuhe anziehen, für die Autofahrt habe ich leichte Sandalen angezogen. Die Wanderschuhe sind mir beim Autofahren zu unbequem. Oh je, ich habe meine Wanderschuhe im Hotelzimmer stehen lassen. Mir wird ganz mulmig, als ich sehe, dass alle anderen Leute, die hier ankommen und ihre Autos abstellen, ausnahmslos auf Wanderschuhe umsteigen. Ich komme mir wie ein Volltrottel vor. Aber was soll es, da muss ich jetzt durch. Zurückfahren und die Wanderschuhe im Hotel holen, dauert viel zu lange. Die Leute schauen mich komisch an und denken sich bestimmt ihren Teil. Das würde mir aber genauso gehen, wenn da jemand mit dünnen, reich mit Perlen verzierten Sandalen an der Bushaltestelle steht. Zum Glück muss ich nicht lange da stehen, der Bus kommt und ich kann einsteigen. Beim Bezahlen sagt der Fahrer, dass der Bus heute wegen Baumaßnahmen auf der Strecke nicht bis zur Haltestelle Hirschbichl fährt. Hirschbichl ist normalerweise die Endhaltestelle des Almerlebnisbusses. Diese Information ist für mich nicht gut. Ich frage den Busfahrer, ob ich mit meinen Sandalen das letzte Stück laufen kann. Er meint, das geht, doch so richtig überzeugt klingt das für mich nicht. Nach ungefähr zehn Minuten Fahrzeit müssen alle Fahrgäste aussteigen. Ich habe keinen Plan, wo ich weitergehen muss. Die anderen Fahrgäste laufen alle zügig in Richtung Waldweg, niemand geht auf der Fahrstraße weiter. Das verunsichert mich schon ein wenig, doch ich kann auch niemanden fragen, weil alle schon weg sind. Der Abzweig zum Waldweg sieht sehr uneben und steinig aus, deshalb denke ich, für mich ist die Fahrstraße die bessere Alternative. Ich laufe los, nach der ersten Kurve sehe ich, dass auf der Fahrstraße der Belag abgetragen wurde und überall tiefe Rinnen sind. Es läuft sich schrecklich darauf und es geht auch noch sehr, sehr steil bergauf und das ist gar nichts für mich. Mit viel Mühe quäle ich mich den Berg hinauf und merke, wie meine Füße immer mehr weh tun und mein Gesicht glüht. Ich sehe wahrscheinlich aus, wie eine überreife Tomate. Doch das ist erst einmal der Anfang meines Weges. Ich bin gerade an der Haltestelle Hirschbichl in Weißbach angelangt. Bis hierher wäre normalerweise der Almerlebnisbus gefahren. Ich muss erst einmal verschnaufen. Zum Glück gibt es in dem kleinen Ort Weißbach einen Gasthof. An dem komme ich sowieso vorbei und dort ruhe ich mich aus und trinke ein großes Radler. Das lässt wieder etwas Lebensgeist in mir aufsteigen. Im Gasthof sitzen ganz schön viele Leute. Das hätte ich nicht vermutet, die müssen alle hochgewandert sein. Sogar Übernachtungsmöglichkeiten bietet der Gasthof an und Fahrräder kann man sich hier auch ausleihen. Neben dem Gasthof gibt es eine kleine Kapelle und ein paar wenige Häuser. So klein Weißbach auch ist, es ist sehr schön hier und der Ort hat eine interessante Geschichte. Auf den aufgestellten Schautafeln lese ich, dass Weißbach Grenzort zwischen dem Berchtesgadener Land in Deutschland und dem Salzburger Land in Österreich ist. Ein Zollhaus erinnert an vergangene Zeiten, in denen über den Pass Hirschbichl Salz von Bayern nach Tirol transportiert wurde. Leider habe ich nicht die Zeit, mir alles durchzulesen, ich muss weiter, sonst komme ich heute nicht mehr bei der Hütte von Onkel Ludwig an. Direkt hinter dem Gasthof geht auch der Wanderweg zur Litzlalm los. Ich denke, das ist die Alm, auf der Onkel

Ludwig wohnt. Der Weg ist sehr gut ausgeschildert. Auf einer Schotterstraße geht es immer leicht bergauf und nur im oberen Teil wird es etwas steiler. Nach ungefähr einer halben Stunde bin ich bei der Hochfläche mit den Almen angelangt. Super, ich kann schon die Litzlalm sehen. Das motiviert mich, etwas zügiger zu laufen. Je näher ich der Alm komme, umso mehr Zweifel habe ich, dass ich richtig bin. Irgendwie sieht das hier ganz anders aus als im Film. Jetzt stehe ich vor der Alm mit dem Schild „Litzlalm" und bin mir sicher, dass hier nicht Onkel Ludwig wohnt. Vor der Alm sitzen viele Wanderer bei einer Brotzeit und lassen es sich gut gehen. Irgendwie bin ich verwirrt. Zur Sicherheit schaue ich noch in die Gaststube der Alm und fühle mich bestätigt, dass ich hier falsch bin. Da kann mir nur noch die Wirtin helfen, irgendwie muss sich das Rätsel lösen lassen. Die Wirtin der Alm ist sehr nett und sieht mir schon an, dass ich sie etwas fragen will. Sie kennt sich aus und klärt mich auf. Die Alm, auf der gedreht wird, ist viel weiter oben, sagt sie und zeigt mit dem Finger nach rechts. Sie sieht man von hier aus noch nicht. Es ist die letzte Alm auf der Hochfläche. Jetzt bin ich beruhigt. Das Rätsel ist gelöst und meine Mühe war nicht umsonst. Auf diesen Schreck hin gönne ich mir erst einmal eine Brotzeit mit Schinken, Bergkäse und Kren (das ist gehobelter Meerrettich) und einen kühlen Almdudler (das ist Kräuterlimonade). Die Brotzeit hat mir richtig gut getan und ich setzte zum Endspurt an. Um mich herum liegen auf den Almwiesen Kühe und lassen sich das saftige, grüne Gras schmecken. Ab und zu heben sie den Kopf hoch und schauen neugierig zu mir herüber. Was die Kühe wohl denken? Allzu oft werden sie bestimmt nicht besucht. Die meisten Leute gehen bis zur Litzlalm und steigen dann wieder ab. Den Weg weiter nach oben bis zur letzten Alm nehmen wahrscheinlich nur wenige von ihnen, obwohl er sich gut gehen lässt. Jetzt bin ich schon unterhalb der Bergkuppe angekommen und es ist nicht mehr weit zu laufen, ich muss nur noch die letzten Meter „aufsteigen". Ich bin angekommen und erkenne die Alm auch gleich wieder. Sie sieht genau so aus, wie auf den Bildern im Fernsehen. Hier wohnt Onkel Ludwig, doch leider ist er nicht da. Der blaue Jeep steht nicht vor der Hütte und auch der grüne Mercedes von Martin ist nicht zu sehen. Das macht nichts, da habe ich genügend Zeit, mir alles in Ruhe anzuschauen.

Die Alm hier oben heißt Reitkafer-Alm. Sie liegt auf einer Höhe von 1374 Metern im Salzburger Land. Auf der Hochfläche von ungefähr zwei Quadratkilometern gibt es sieben urige Almen, die im Privatbesitz sind. Die Hütte von Onkel Ludwig ist die am höchsten gelegene Alm und man kann sie von allen anderen Almen nur schwer einsehen. Ich habe einen grandiosen Blick auf die umliegenden Berge. Mir gefällt es hier sehr. Die Hütte ist sehr urig und schön hergerichtet, vor dem Haus und in den Fenstern stehen viele Blumenkübel mit roten Geranien und es gibt sogar einen Brunnen mit einer Tränke. Vor der Hütte wurde extra Fußbodenbelag verlegt. Der sieht aus wie echtes Holz, zumindest wenn man die Hütte im Fernsehen sieht. Überhaupt finde ich, dass auf der Hütte in Wirklichkeit alles noch viel schöner ist, als man es durch die Bilder im Fernsehen erahnen kann. Direkt vor der Hütte liegen die Kühe friedlich auf der Wiese. Sie stört es nicht, dass ich mich dazusetze. Jetzt fehlt nur noch Onkel Ludwig. Der würde mir bestimmt einen schönen Kaffee machen. Den Onkel Ludwig habe ich in mein Herz geschlossen. Er hat einen schweren Rucksack zu tragen, netter Besuch würde ihm bestimmt gefallen. Mir fallen die Szenen aus der Bergdoktorfolge von gestern Abend ein. Wenn ich hier so allein sitze, kann ich mir sehr gut vorstellen, wie es Onkel Ludwig geht, wenn er hier auf der Hütte ist. Da kann man sich auch ganz schnell sehr einsam fühlen. Jetzt im Sommer ist es zwar sehr schön hier, aber was ist, wenn der Sommer vorbeigeht, wenn der Herbst mit dem Nebel kommt und der Blick keine 50 Meter weit reicht. Oder im Winter, wenn die Schotterstraße zugeschneit ist. Ich kann mir gut vorstellen, dass die Versorgung, wenn viel Schnee liegt, richtig kompliziert werden kann. Ich glaube, das Leben auf so einer Hütte ist auf Dauer für mich nicht das Richtige.

Jetzt kommt ein Radfahrer den Weg entlang. Wie aus dem Nichts taucht er auf. Ich habe ihn erst gar nicht bemerkt. Er schreckt mich aus meinen Gedanken hoch. Das ist gut so, denn ich muss an den Rückweg denken und unbedingt pünktlich an der Haltestelle des Almerlebnisbusses sein. Wenn ich den Almerlebnisbus verpasse, habe ich ein Problem. Den Weg ganz zu Fuß zurück schaffe ich mit meinen Sandalen nie. Ein Blick auf die Uhr sagt mir, es ist schon 14:00 Uhr, ich muss mich beeilen und etwas zügig laufen. Das geht aber gar nicht so einfach. Ich merke, dass beim Bergablaufen die Füße in meinen Sandalen stark nach vorn rutschen und kleine Steine unter der Fußsohle anfangen zu reiben. Eigentlich müsste ich ständig anhalten und die Sandalen ausschütteln. Doch dazu habe ich gar keine Zeit. Das Gehen wird immer mühsamer, ich merke schon die Blasen an den Füßen, sie fangen an, wehzutun. Doch die Zeit sitzt mir im Nacken. Ich versuche, einigermaßen voranzukommen, doch es geht nur sehr schlecht. Die Füße schmerzen immer mehr und Pflaster zum Abkleben der Blasen habe ich auch nicht dabei. Das ist auch noch im Hotel. Damit ich es nicht vergesse, habe ich das Pflaster extra in den Schuhbeutel getan. Jetzt habe ich nichts von beidem. Die Riemen der Sandalen reiben so stark, dass ich die Schuhe kurz ausziehen muss, doch barfuß geht das Laufen auch nicht. Ich hoffe, dass irgendein Auto kommt und mich mit zur Bushaltestelle nimmt. Doch es ist wie verhext, es kommt überhaupt nichts. Auch sonst treffe ich niemanden. Wahrscheinlich nehmen alle Wanderer den Weg zur Bushaltestelle durch den Wald und nur ich laufe auf der belaglosen Straße. Zum Glück zwitschern noch ein paar Vögel, da fühle ich mich nicht ganz so allein. Die haben es gut, die können fliegen, ich nicht. Der Rückweg kommt mir viel weiter vor als der Hinweg und ich habe nur einen Gedanken: Endlich an der Bushaltestelle sein. Noch eine Kurve und dann müsste ich es geschafft haben. Ich höre jetzt schon Stimmen, die immer lauter werden. Nach der Kurve sehe ich auch den Bus stehen und motiviere mich noch einmal selbst, schneller zu gehen. Völlig fertig setze ich mich in den Bus.

Diesen Almbesuch werde ich so schnell nicht vergessen. Im wahrsten Sinne des Wortes habe ich der Hütte von Onkel Ludwig unter Mobilisierung all meiner Kräfte einen Besuch abgestattet. Meine Sandalen sind noch ganz, erstaunlich, dass sie die Tour ohne Schäden überstanden haben. Die Sandalen hat mir ein Schuster auf Mallorca gemacht, das ist Qualitätsarbeit.

Der Bus ist schnell wieder am Parkplatz. Für den Busfahrer ist es die letzte Fahrt am heutigen Sonntag, ich muss noch den Weg mit dem Auto zurück ins Hotel schaffen. Zum Glück habe ich immer eine Flasche Cola im Auto. Die hilft mir jetzt sehr.

Streiflicht
Christian Kohlund (Onkel Ludwig)

Christian Kohlund wurde am 17. August 1950 in Basel geboren – aufgewachsen ist er in einer Schauspielerfamilie – seine Ausbildung absolvierte er am Max-Reinhardt-Seminar in Wien – als Schauspieler begeisterte er das Publikum unter anderem am Residenztheater München, im Theater in der Josefstadt in Wien und im Schauspielhaus Zürich – 1970 begann er seine Laufbahn als Fernsehschauspieler – bekannt ist Christian Kohlund vor allem durch Unterhaltungsserien wie „Die Schwarzwaldklinik" und „Das Traumhotel" – Fans lieben seine tiefe Stimme – in „Der Bergdoktor" spielt er die Rolle von Onkel Ludwig – Christian Kohlund ist in dritter Ehe mit Elke Best verheiratet, hat zwei Kinder Luca und Francesca und ist Opa von Enkelsohn Niklas – er lebt auf einem Hof in der Nähe von Passau

Hütte von Onkel Ludwig

6 Telefonnummer 066306074 …

Gerade bin ich vom Parkplatz losgefahren, da klingelt mein Handy. Da ich Bluetooth eingeschaltet habe, kann ich die Nummer im Display meines Autos sehen. Ich kenne sie nicht, es muss jemand sein, der sonst keinen Kontakt zu mir hat.

Ich ignoriere den Anruf und denke mir, wenn es wirklich etwas Wichtiges ist, wird sich der Anrufer ein anderes Mal melden. Schon wieder klingelt mein Handy, dieselbe Telefonnummer, es scheint doch jemand zu sein, der mir etwas Wichtiges zu sagen hat. Jetzt ist ein sehr ungünstiger Zeitpunkt zum Telefonieren, ich bin sowieso schon etwas geschafft von der Tour zu der Hütte von Onkel Ludwig und muss mich auf den Verkehr konzentrieren. Ich nehme mir fest vor, zurückzurufen, wenn ich im Hotel angekommen bin.

In diesem Moment muss ich daran denken, wie Onkel Ludwig dem Martin, bei ihrem ersten zufälligen Aufeinandertreffen, den Zettel mit seiner Telefonnummer in die Hand drückte und sehr darauf hoffte, dass er ihn zurückruft. Der Rückruf war Onkel Ludwig sehr wichtig, sonst hätte er Martin bei dieser sehr unschönen Begegnung den Zettel nicht gegeben. Mir fällt die gesamte Folge wieder ein: Nachdem Martin den Ludwig getroffen hat, besteht er auf ein sofortiges Treffen mit Hans im Wilden Kaiser. Dort erzählt er ihm bei einem alkoholfreien Getränk von seiner Begegnung mit Onkel Ludwig vor dem Friedhof. Martin ist sehr verärgert darüber, dass Ludwig wieder in Ellmau aufgetaucht ist, Hans scheint sich über die Rückkehr von Ludwig zu freuen. Martin drängt seinen Bruder, er soll mit Ludwig sprechen und ihm zu verstehen geben, dass er sofort wieder verschwinden soll. Er schiebt ihm den Zettel, den er von Ludwig bekommen hat und auf dem seine Telefonnummer steht, über den Tisch.

Seit Martin und Hans von Ludwigs Rückkehr erfahren haben, ist die Begegnung der Brüder sehr angespannt. Das bekommen auch Lisbeth und Lilli zu spüren. Sie wissen nicht, was zwischen den beiden in der Luft liegt, wollen sich aber mit der angespannten Situation nicht abfinden. Lilli drängt darauf zu erfahren, was passiert ist.

Martin bittet Hans, ihr von der Rückkehr Ludwigs zu erzählen. Beiden Brüdern ist klar, dass mit der Rückkehr von Ludwig ein totgeschwiegenes Stück Familiengeschichte aufgeschlagen wird.

Im Schnelldurchlauf versucht Hans, die Geschichte aufzurollen. Er erzählt Lilli, dass es damals vor 25 Jahren einen heftigen Streit zwischen ihrem Opa und dem Onkel Ludwig gab. Es ist um das Geld gegangen, um den Erbanteil, auf den Ludwig zunächst verzichtet hat, als es dem Hof schlecht ging und den er dann zurückhaben wollte, als es dem Hof wieder besser ging. Ihr Opa und auch Martin hatten dafür kein Verständnis. Immer wenn die Brüder in ihrer Jugendzeit miteinander stritten, gingen sie in die Hallerwand, um dort die Streitigkeiten zu klären. Auch bei diesem Streit schlug Ludwig seinem Bruder vor, ihn in der Hallerwand zu klären und die Brüder gingen gemeinsam in den Berg. Zurück vom Berg kam der Ludwig allein. Hans ist überzeugt davon, dass dies ein schrecklicher Unfall war. Der Karabinerhaken hatte sich gelöst und Untersuchungen ergaben, dass das Material nicht mehr in Ordnung war. Doch Lisbeth und Martin glauben das nicht. Sie denken, dass der Ludwig die Schuld am Tod seines Bruders hat, denn hätten sie nicht gestritten, dann wären sie nicht auf den Berg gegangen und das Unglück wäre nie passiert. Da Martin den Ludwig nicht mochte, haben er und Lisbeth ihn davongejagt und es wurde verabredet, nie wieder von ihm zu reden. Daran haben sich alle gehalten und deshalb hat Lilli nichts von Ludwig erfahren.

Schon bald lernt Lilli Ludwig kennen. Ohne Vorahnung steht er vor ihr, an der Tür zur Praxis in Ellmau und sagt zu ihr: „Ich nehme an, du bist die Lilli."

„Ja. Und Sie sind der Ludwig, mein Großonkel", antwortet Lilli ihm. „Das mit dem Sie können wir uns schenken. Wir sind ja schließlich verwandt. Du hast die Augen deiner Mutter", redet Ludwig weiter. „Du hast die Mama gekannt?", fragt Lilli überrascht. „Ja, der

Martin hat sie mir vorgestellt, kurz bevor er nach New York ging. Sie war eine tolle Frau. Es tut mir unendlich leid, was mit ihr passiert ist." „Du wusstest, wer ich bin", fragt Lilli weiter. „Hat dir der Martin von mir erzählt?"

„Der Hans hat mir von dir erzählt", antwortet Ludwig und hält kurz inne, bevor er ergänzt: „Die Grubers, ein Leben voller Irrungen und Wirrungen."

Damit beendet Ludwig seinen kurzen Besuch bei Lilli. „Ich habe eine Hütte gemietet, oben am alten Feldberg. Komm vorbei, auf einen Kaffee, wenn du Lust auf die Langfassung hast, was ich dir gerade erzählt habe, war die Kurzfassung. Und bring den Hans mit. Ich würde ihn gern wiedersehen."

Zum ersten Mal hat Lilli nun ihren Großonkel gesehen und mit ihm geredet. Er ist ihr sympathisch und sie kann nicht so richtig verstehen, warum er damals vom Hof gejagt wurde und seitdem niemand über ihn reden durfte. Jedenfalls ist sie es, die versucht, den Wunsch ihres Großonkels auf ein Wiedersehen voranzutreiben. Sie ist völlig vorurteilsfrei und entscheidet eher vom Gefühl her, obwohl sie schon auch versucht, die Gegenargumente Martins zu verstehen: Dass Martin sauer auf Ludwig ist, weil er ausgeplaudert hat, was er ihm im Vertrauen erzählte; dass Martin nicht glauben will, Ludwig geht es um die Familie; dass er nicht denkt, Ludwig ist gekommen, um Frieden zu stiften. Natürlich weiß Lilli auch, dass Martin Angst vor der Reaktion ihrer Oma hat. Vielleicht ahnt Martin da etwas? Trotzdem denkt Lilli, dass sie alle nicht das Recht haben, ihn einfach wegzuschicken. Das Ganze ist 25 Jahre her und sie meint, es ist endlich an der Zeit, mit der Vergangenheit aufzuräumen. Deshalb ist ihr Argument: „Aber früher oder später wird der Ludwig doch sowieso vor der Oma stehen. Wenn der Ludwig tatsächlich hierbleiben will, dann ist es unsere Aufgabe, dass wir für die Oma da sind und ihr helfen, mit der Vergangenheit klarzukommen. Dafür sind wir doch eine Familie."

Hans, der noch am ehesten bereit ist, mit Ludwig zu sprechen und der sich auch darauf freut, ihn wiederzusehen, lenkt ein.

„Ich ruf ihn an. Und dann schauen wir weiter. Hören wir mal, was er uns zu sagen hat."

„066306074560. Hans, mein lieber Hans. Schön deine Stimme zu hören."

Ludwig freut sich über den Anruf von Hans und er freut sich auch als Martin, Hans und Lilli ihn auf der Hütte besuchen. Er hat Kuchen und Kaffee gerichtet. Auch wenn sie es, wie Martin betont, kurz machen wollen, scheint wohl alles nach einem längeren Gespräch auszusehen. Auf die Frage von Martin und Hans, warum er gegen die Verabredung zurück nach Ellmau gekommen ist und was er hier will, gibt ihnen Ludwig ohne zu zögern die Antwort: Er ist hier, weil er noch etwas klären will und er keine Zeit zu verlieren hat. Wenn alles gut geht, wird er noch ein Jahr mit dem bösartigen Tumor in seiner Leber zu leben haben. Er möchte noch einmal den Gruberhof sehen und auf ihm drei oder vier Tage verbringen. Und er möchte sich mit Lisbeth aussprechen. Das ist ihm ganz besonders wichtig. Er will die ganze Geschichte nicht mit ins Grab nehmen.

Was das für eine Geschichte ist, die Ludwig mit Lisbeth zu besprechen hat, wissen Martin, Hans und Lilli nicht. Jetzt aber wissen die drei zumindest, was Ludwig ihnen zu sagen hatte, als er sie bat, ihn zu besuchen. Dass Ludwig ausgerechnet Martin am Ende ihres Besuches bittet, ihm zu helfen, kommt für Martin sehr überraschend, doch er sichert seinem Onkel zu, ihn als Arzt zu unterstützen.

Lisbeth weiß noch nicht, dass Ludwig aus Wien zurückgekommen ist und sowohl Martin als auch Hans wissen, dass Lisbeth davon nichts hören will, von einem Wiedersehen ganz zu schweigen. Sie hat sich gewünscht, endlich wieder einmal einen schönen Sommer erleben zu dürfen. Die letzten Sommer waren sehr unruhig, oft wussten die Grubers nicht, wie es mit dem Hof weitergehen soll und auch bei Martin und Hans lief nicht alles rund.

Jede Woche geht Lisbeth auf den Friedhof zum Grab ihres verstorbenen Mannes, um ihm frische Blumen zu bringen. Oft wird sie dabei von Lilli begleitet. Diese Woche steht auf dem Grab ein fremder Blumenstrauß. Das gefällt Lisbeth gar nicht, sie kann sich auch nicht erklären, wie dieser Blumenstrauß auf das Grab kommt, denn seit dem Tod ihres Mannes vor 25 Jahren ist niemand zum Grab gekommen, um dort einen Strauß Blumen hinzustellen. Lilli kann sich denken, dass der Blumenstrauß von Onkel Ludwig ist, sagt ihrer Oma jedoch nichts davon. Sie nimmt den Blumenstrauß jedoch zum Anlass, ihre Oma auf Ludwig anzusprechen und fragt nach, was denn eigentlich mit dem Bruder vom Opa ist. Oh je, so kennt Lilli ihre Oma gar nicht. Sie rastet fast aus. „Ich will nicht darüber reden", antwortet Lisbeth in einem sehr harschen Ton. Der Versuch des vorsichtigen Nachfühlens ist damit schon einmal gescheitert. (Die Kurzzitate in diesem Kapitel sind der 1. Folge der 1. Staffel entnommen. Sie wurde am 18.01.2018 im ZDF ausgestrahlt.)

In diesem Moment begreift Lilli, dass auf die Grubers viel Aufregung zukommt, wenn Ludwig in Ellmau bleibt. Warum ihre Oma so abweisend ist und über den Ludwig überhaupt nicht reden will, ahnt sie nicht.

Streiflicht
Heiko Ruprecht (Hans Gruber)

Heiko Ruprecht ist 1972 in Friedrichshafen am Bodensee geboren und wuchs in Lindau auf – seine Ausbildung zum Schauspieler erfolgte in Salzburg am Mozarteum – Heiko Ruprecht lebt mit seiner Frau und seinen beiden Töchtern in München – in seiner

Freizeit klettert er gern, spielt Tennis und er kann fechten, im Winter macht ihm das Skifahren großen Spaß – seine Karriere begann im Theater in Ulm – mit „Sophie–Schlauer als die Polizei erlaubt" gelang ihm der Sprung ins Fernsehen – im Bergdoktor hat Heiko Ruprecht als Hans Gruber seit Beginn der Serie eine feste Rolle – seinen Filmbruder Martin lernte er in einer WG in Frankfurt kennen und traf ihn nach vielen Jahren beim Bergdoktor-Casting wieder

7 Seefahrerromantik

Mein fünfter Urlaubstag am Wilden Kaiser hat begonnen und ich will segeln gehen. Das kann ich am Jochstub'n See machen. Ich hoffe, dass ich Glück mit dem Wind habe, von der Terrasse meines Hotelzimmers aus, lässt sich nicht einschätzen, ob der Wind am Jochstub'n See zum Segeln ausreicht. Zum Jochstub'n See wandert man von der Bergstation des Brandstadls in ungefähr 30 Minuten. Da ich es zur Bergbahn in Scheffau nicht weit habe, gehe ich zu Fuß zur Talstation und bin nach zehn Minuten da. Es ist relativ leer an der Talstation der Gondel, ich kann mir aussuchen, mit welcher Gondel ich hochfahren möchte, aber eigentlich ist das egal, alle Gondeln sind gleich. Die Bahn ist in zwölf Minuten auf dem Brandstadl. Hier oben scheint schon die Sonne, unter mir ist eine dicke Wolkendecke. Es sieht aus, als wäre ich über den Wolken. Obwohl unten an der Talstation wenig Betrieb herrschte, sind hier oben viele Leute, die mit ihren Kindern auf dem Spielplatz spielen. Der Spielplatz ist sehr groß und hat viele interessante Spielgeräte: Verschiedene Schaukeln, Klettergerüste, Wippen, Sandkästen, ein Seil zum darauf Laufen und vor allem viel große und kleine Tretautos, mit denen sogar Erwachsene ihren Spaß beim Fahren haben. Ich beobachte ein wenig das bunte Treiben und wandere dann los zum Jochstub'n See. Unterwegs komme ich an vielen Kühen mit Glocken vorbei. Das Geläut der Glocken habe ich schon von Weitem gehört. Manche sind mitten auf dem Weg und lassen sich sogar streicheln. Eine Kuh steht ganz still da, als würde sie darauf warten, fotografiert zu werden. Von ihr mache ich ein schönes Foto.

Es dauert nicht lange und ich bin an der Jochstub'n Alm angekommen. Gleich neben ihr ist der See. Ich sehe schon das Segelboot, wie es über den See fährt und freue mich, dass der Wind zum Segeln ausreicht. In die Alm kehre ich nach dem Segeln ein, weil man nie weiß, wie lange der Wind noch da ist und bei Windstille kann ich nicht mehr segeln. Das wäre sehr schade.

An der kleinen Schiffsanlegestelle herrscht viel Betrieb und ich muss eine Weile warten, bis ich auf eines der zwei Segelboote kann. Mit auf dem Boot sitzt eine Familie mit zwei kleineren Kindern, mehr Platz ist auch nicht. Und dann geht die Fahrt los. Unser Kapitän beeindruckt mich mit seiner Kapitänsmütze auf dem Kopf. Männer mit echter Kapitänsmütze sieht man sonst nicht in den Bergen, deshalb ist der Anblick schon ungewohnt, aber schön. Er setzt die Segel und die Kinder schauen ihm fasziniert zu. Das Wasser schlägt kleine Wellen und der Wind weht uns ein wenig um die Ohren, sodass die Kinder ihre Sonnenhüte festhalten müssen, damit sie nicht ins Wasser fallen. Das Segeln auf dem See macht großen Spaß. Der Blick vom Wasser aus auf die Landschaft ist toll: Am Seeufer blühen bunte Gebirgsblumen, die gelb, rot und blau leuchten und das Gras am Ufer wiegt sich sanft im Wind. Die Kinder am Seeufer haben Spaß daran, ihre Füße in das kühle Gebirgswasser zu hängen. Unser Boot segelt ruhig vor sich hin, niemand muss Angst haben, ins Wasser zu fallen. Das wäre auch nicht so gut, denn das Wasser hat heute gerade einmal an seiner Wasseroberfläche eine Temperatur von 14 Grad und tiefer unten sind es dann nur noch 12 Grad. Wir haben jetzt Zeit, uns mit unserem Kapitän zu unterhalten.

Unser Kapitän heißt Peter Widmann, ein Herr, der viel zu erzählen hat und dem man gern zuhört. Es hat so viel zu sagen, dass er nicht weiß, wo er anfangen soll, doch jetzt legt er los:

„Es war im Jahre 2008. Der Wasserspeicher musste vergrößert werden und wir hatten gerade die Erweiterung fertig. Die Bauarbeiten waren nicht einfach, die Arbeiter mussten unter schwierigen Bedingungen und mit schwerer Technik arbeiten, weil das Gelände sehr unwegsam ist. Mit dem Wetter hatten wir an vielen Tagen Pech. Fast immer war es grau, neblig und kalt. Zum Glück ist hier die Jochstub'n Alm und die Wirtin der Jochstub'n hat ein gutes Herz. Eigentlich wäre die Alm während der Bauarbeiten geschlossen gewesen, aber die Wirtin sperrte extra für die Bauarbeiter auf, damit sich die Bauleute aufwärmen konnten, sie kochte sogar jeden Tag ein warmes Mittagessen für sie. Anfang Oktober war dann endlich das Speicherloch groß genug und konnte mit Wasser vollgemacht werden. Den 5. Oktober werde ich nie vergessen: Wir standen alle vor dem Loch. Es war tief, groß und leer, irgendwie unheimlich. Und dann bekam das Riesenloch Wasser, es füllte sich mehr und mehr bis es ganz voll war. Es war unglaublich schön, das mit anschauen zu dürfen. Als ich über das Wasser in die Wolken schaute, bekam ich das Gefühl von Weite und von Freiheit ... Jetzt hat der See einen Umfang von 950 Metern. Immer wenn ich hier oben auf dem Segelboot bin und eine Brise Wind über den See fegt, fallen mir meine alten Seefahrergeschichten wieder ein und ich fange an, Seemannsgarn zu spinnen.

Peter ist lange zur See gefahren, bevor er zurück in die Berge kam, er war auf den großen Weltmeeren unterwegs. Als er dann an dem mit Wasser gefüllten Loch stand, kam ihm die verrückte Idee mit dem Segelboot. Sie ließ ihn nicht mehr los. Ein Segelboot für den Jochstub'n See, das ist es. Er war so begeistert von seiner Idee, dass er kurz entschlossen das Boot kaufte. Und schneller als er es begreifen konnte, war das Boot geliefert und stand unten im Tal. Jetzt musste er sich etwas einfallen lassen, um das Boot hier hoch zu bringen.

Aber, so erzählt Peter weiter, ganz spektakulär ging es

zu, als das Boot ins Wasser gelassen und getauft wurde. Da waren wahnsinnig viele Leute dabei. Es gab Blasmusik und die Jochstub'n versorgten die Leute. Das Boot bekam den Namen „Jochstub'n". Das hatte ich mir so überlegt. Ich wollte mich damit bei der Wirtin der Alm und bei ihrem Team für die tolle Versorgung während der Bauarbeiten bedanken. Das war für die Wirtin und ihr Team eine große Überraschung, denn es wussten nur wenige Eingeweihte von meinem Plan und sie hatten dichtgehalten und nichts verraten. So war das damals mit dem See und mit dem Boot, jetzt wisst ihr es. Das alles ist jetzt auch schon wieder zehn Jahre her und inzwischen ist hier viel passiert. Ich hätte auch nie gedacht, dass meine Idee einmal so viele Touristen anzieht und sogar die Einheimischen zum Segeln kommen. Erst hatten wir ein Boot auf dem See, inzwischen fahren wir mit zwei Booten, weil so viele Leute segeln wollen."

Gleich legen wir wieder am Bootssteg an. Dort stehen sehr viele Leute, die alle segeln wollen. Beim Aussteigen ruft uns Peter nach: „Lasst es euch gut gehen und kommt wieder, ich freue mich. Dann erzähle ich euch etwas über den Jachtclub."

Das mit dem Jachtclub hat mir keine Ruhe gelassen und ich habe einmal gegoogelt. Erst dachte ich, das ist ein Scherz, aber den Jachtclub gibt es wirklich. Er wurde 2018 gegründet und ihm gehören die beiden Boote, die über den Jochstub'n-See segeln. Die Mitglieder des

Jachtclubs betreiben die Schifffahrt auf ihrem „Meer". Das klingt schon irgendwie lustig. Sie steuern ihre Schiffe, warten sie und bringen die Boote im Herbst an Land, um sie im Winter sauber zu machen, Reparaturarbeiten durchzuführen und zu schauen, dass alles in Ordnung ist. Das ist viel Arbeit, denn allein die Segel sind 21 Quadratmeter (Hauptsegel) und 16 Quadratmeter (Vorsegel) groß.

Im Winter ist der See mit einer weißen Schneedecke überzogen und abgesperrt, damit die Skifahrer nicht in den See fallen. Wer den See vom Sommer her nicht kennt, kommt gar nicht auf die Idee, dass sich unter der Schneedecke ein Segelpardies versteckt. Bei schönem Wetter glänzt die Oberfläche regelrecht in der Sonne. Unser Kapitän hat uns vorhin erzählt, dass im Winter um den See herum alles tief verschneit ist und er hier oft mit seinen Skiern unterwegs ist. Es gefällt ihm, wenn er sich nach dem Skifahren in einem der roten Liegestühle, die dann vor der Jochstub'n Alm stehen, ausruhen kann. Vor der Alm gibt es sogar eine kleine Bar, die bei gutem Wetter geöffnet hat. Wer gern zum Abschluss des Skitages einen kleinen Absacker mag, der ist hier genau richtig, denn bis zum Skilift ist es nicht weit.

Am ersten Juliwochenende wird in jedem Jahr angesegelt. Dann heißt es wieder „Leinen los" und bei dem traditionellen Segelfest mit Musik und Tanz freuen sich alle auf die Sommersegelzeit. Ich habe mir schon fest vorgenommen, dort einmal vorbeizuschauen, wenn ich wieder einmal Urlaub am Wilden Kaiser mache.

Am Jochstub'n-See ist es traumhaft schön und würde ich nach Drehorten für den Bergdoktor suchen, stünde dieser Ort mit auf der Bestenliste. Ein romantisches Date oder ein Noteinsatz des Bergdoktors am See … Vielleicht gibt es ja so etwas demnächst einmal.

Jochstub'n See

Winter am Jochstub 'n See

8 Tiroler Freundschaft

Heute weiß ich noch nicht so richtig, was ich machen soll. Mit der Bergbahn hoch auf den Berg zu fahren, habe ich keine Lust. Um baden zu gehen, ist es mir etwas zu kühl und nach Kitzbühel will ich auch nicht fahren, dort gebe ich immer so viel Geld aus, weil ich an einigen Geschäften einfach nicht vorbeikomme. Mein Buch habe ich gerade ausgelesen und eigentlich könnte ich mir wieder einmal ein richtig leckeres Mittagessen gönnen. Mittags esse ich nur ganz selten etwas, aber heute wäre das wahrscheinlich für mich genau das Richtige. Da fällt mir ein, dass für heute Dreharbeiten in Going geplant sind. Das lässt sich für mich perfekt verbinden, erst in Going bei den Dreharbeiten vorbeischauen und dann auf dem Rückweg zum Mittagessen in den Föhrenhof nach Auwald fahren. Das ist eine sehr schöne Tour mit dem Fahrrad. Dann kann ich endlich einmal mein geliehenes E-Bike benutzen, bisher hat das noch nicht geklappt. Der Weg nach Going lässt sich mit dem E-Bike gut fahren, man fährt fast immer parallel zur Hauptstraße, kommt durch den Ort Ellmau, sieht rechts die kleine Kapelle auf dem Berg und ist schnell in Going. In Going sind viele Leute unterwegs, wahrscheinlich wollen sie alle einen Blick von den Dreharbeiten erhaschen. Gedreht wird auf dem Dorfplatz, direkt vor dem Gasthof „Wilder Kaiser". Es ist tatsächlich so, dass nur die Außenfassade des Gasthofes zu Drehzwecken genutzt wird. Dort, wo normalerweise die Straße ist, sind Tische und Stühle aufgestellt, an denen Susanne Dreiseitl (Natalie O'Hara) die Gäste bedient.

Der „Wilde Kaiser" ist eigentlich ein altes Dorfkrämerhaus im Privatbesitz, in dem über das ganze Jahr hinweg Leute wohnen. Sie haben sich inzwischen daran gewöhnt, dass oft Leute vor ihrem Haus stehen, es sich anschauen und Fotos machen.

Der Dreh hat noch nicht begonnen, überall werden die Scheinwerfer und Kameras aufgestellt. Simone Hanselmann wird gerade mit dem Auto gebracht. Sie spielt in den neuen Folgen die Apothekerin Franziska Hochstätter. In der Ankündigung zur neuen Staffel habe ich gelesen, dass sich Frau Hochstätter und Martin nicht unsympathisch sind und sich auf ein Feierabendbier verabreden. Vielleicht wird diese Szene heute gedreht. Es ist schwierig, etwas vom Drehgeschehen mitzubekommen, es sind zu viele Leute da und die Sicht ist durch die Absperrungen stark eingeschränkt. Trotzdem drängen die Bergdoktorfans dicht an die Absperrzäune heran. Es hat sich schnell herumgesprochen, dass in Going gedreht wird. Ich stelle mich nur kurz zu den Leuten hinter der Absperrung, dann fahre ich mit meinem E-Bike weiter in den Föhrenhof. Der Weg ist als „Bergdoktor-Runde" ausgeschildert, ich kann mich also nicht verfahren. Es ist ein schöner Weg zum Fahrradfahren. Er führt an alten Bauernhöfen vorbei, durch ein kleines Waldstück, am Bach entlang bis nach Auwald. Auwald ist ein kleiner Ortsteil von Ellmau mit wenigen Häusern. Der Föhrenhof liegt an der Durchgangsstraße und ich finde ihn schnell. Im Föhrenhof sind die Innendreharbeiten für den Gasthof „Wilder Kaiser". An seiner Außenfassade ist das Schild „Drehort" angebracht. Obwohl kein Wochenende ist, gibt es im Föhrenhof nur noch wenige freie Plätze. Ich habe Glück und bekomme einen schönen Platz auf der Terrasse. Dort riecht es nach Lavendel, Zitronenmelisse und Currykraut. Wie mir mein Tischnachbar erzählt, schneidet Maria schon am frühen Morgen in ihrem Kräutergarten die für das Mittagessen passenden Kräuter ab. Robert und Maria Told sind die Wirtsleute, sie führen gemeinsam den Föhrenhof und Robert lässt es sich nicht nehmen, selbst für seine Gäste zu kochen. Zu den Stammgästen zählt auch Natalie O'Hara. Ihre Lieblingsspeise ist Backhandlsalat, verrät Maria, und den isst Natalie fast immer, wenn sie herkommt. Mir empfiehlt Maria „Die Tiroler Freundschaft", weil das die eigentliche Spezialität des Hauses ist. Ich muss nicht lange überlegen und nehme Marias Empfehlung an. „Tiroler Freundschaft" klingt vielversprechend im doppelten Sinn: kulinarisch und auf den Umgang miteinander bezogen. Beides trifft zu: Die Tiroler sind sehr freundliche Gastgeber und was ich gerade serviert bekomme, sind die besten Stücke vom Rind & Lammrücken, medium gebraten, das Ganze in Pfefferrahmsoße mit Kräuterbutter und dazu Tiroler Gröstl mit Gemüse. Als Getränk empfiehlt Maria einen blauen Zweigelt aus Österreich. Die „Tiroler Freundschaft" hat ihren Namen verdient, es schmeckt sehr lecker.

Inzwischen hat sich das Lokal etwas geleert, sodass etwas Zeit für einen kleinen Plausch mit Maria ist. Mich interessiert, wie es dazu kam, dass der Föhrenhof Bergdoktordrehort ist. Maria erzählt es mir und ich bekomme mit, dass bei Maria und Robert die Freude sehr groß war, als von der Fernsehproduktion „neue deutsche Filmgesellschaft" die Anfrage für Dreharbeiten für den Bergdoktor kam. Sie empfinden es als große Ehre von den vielen Gasthöfen, die es hier gibt, zum Drehort ausgewählt worden zu sein. Inzwischen macht sich das auch im Umsatz bemerkbar. Der Gasthof war schon immer gut besucht, aber inzwischen ist es sinnvoll, für die Abendmahlzeit einen Tisch im Voraus zu reservieren. Sonst läuft man wirklich Gefahr, dass alle Tische besetzt sind. Es kommen sehr viele Leute her, um dort zu essen, wo auch der Bergdoktor isst.

Gedreht wird meist außerhalb der Öffnungszeiten. Im Oktober hat der Gasthof geschlossen, dann zieht an einigen Tagen das Drehteam ein. Auch dienstags ist ein Dreh möglich, da an diesem Tag das Restaurant generell geschlossen bleibt und nur die Hausgäste bewirtet werden. Gedreht wird immer in der Gaststube und diese richtet das Drehteam dann extra für die Dreharbeiten her. Besonders freuen sich die Wirtsleute, wenn ihr eigenes Inventar im Fernsehen zu sehen ist. Wir gehen in die Gaststube und Maria zeigt mir ein Bild über dem Tisch, an dem die Schauspieler sitzen. Das ist ein Bild aus dem Familienbesitz der Familie Told und sie sind sehr stolz, wenn sie es im Fernsehen erkennen. Auch an der Theke wird oft gefilmt, erzählt Maria. Sie gestattet mir, ein Foto zu machen auf dem Sie, an der Theke stehend, zu sehen ist.

Langsam wird es im Föhrenhof wieder voller, man merkt, das Nachmittagsgeschäft beginnt.

Maria muss sich um die Gäste kümmern und ich will noch ein wenig weiter auf der Bergdoktor-Runde fahren. Der Weg führt zunächst in Richtung Hauptstraße und dann weiter zum Kleinen Wirtshaus. Das Wirtshaus muss rechts des Weges liegen bleiben, sonst fahre ich falsch. Nun geht es bergauf in Richtung Wald. Da ich mit dem E-Bike unterwegs bin, ist das kein Problem, ohne E-Bike hätte ich Schwierigkeiten, die lange Steigung hinzubekommen. Links und rechts des Weges sind große Weideflächen, dann muss ich ein kurzes Waldstück durchqueren. Das Waldstück endet oberhalb von Ellmau im Ortsteil Faistenbichl. Von hier aus habe ich einen herrlichen Blick auf Ellmau und auf den Wilden Kaiser. Da mache ich gleich ein paar schöne Fotos. Jetzt geht es bergab und es dauert nur ganz kurz, dann bin ich an der Bergdoktorpraxis angekommen. Die Praxis hat zwar um diese Zeit schon geschlossen, aber ich habe heute auch nicht vor, sie anzuschauen. Dafür nehme ich mir am Freitag einmal Zeit. Freitags und dienstags kann die Praxis von Mai bis Oktober von 10:00 Uhr bis 12:00 Uhr besichtigt werden, außer wenn gedreht wird, da geht das natürlich nicht. Über das Haus, in dem für Martin Gruber die Praxis eingerichtet ist, wurde mir schon einiges erzählt. Es ist ein alter Bauernhof aus dem Jahr 1694. Er heißt Hof "Hinterschnabl" und gehört Herrn Johann Leitner. Johann Leitner war viele Jahre Bürgermeister von Ellmau. Er übernahm den Hof 1985 von seiner Mutter. Der Wohntrakt stand lange Zeit leer, Elektrizität gab es nicht. 2007 wurde das Filmteam vom Bergdoktor auf den Bauernhof aufmerksam und auf ihre Anfrage hin, wurde er dem Drehteam für Dreharbeiten ganzjährig zur Verfügung gestellt. Damit der Bergdoktor dort ordinieren kann, richtete man die einstigen Bauernstuben sorgfältig her und baute sie um. Am restlichen Teil, der nicht für die Dreharbeiten benötigt wird, nagt der Zahn der Zeit. Hier ist noch viel Ursprünglichkeit zu sehen. Inzwischen hat Johannes Leitner den Hof an seinen Sohn übergeben. Sein Sohn lebt in Wien, deshalb werden die Wiesen und Felder des Hofes nach wie vor von Johannes Leitner bewirtschaftet. Er ist auch Ansprechpartner für alles rund um den Hof „Hinterschnabl".

Ich bin schon gespannt, was mich in der Praxis von Martin Gruber erwartet. Wenn sie geöffnet hat, reicht die Schlange der Neugierigen manchmal von der Eingangstür der Praxis durch den ganzen Hof bis auf die Straße hinaus. Da muss ich mich bestimmt auf lange Wartezeiten einrichten. Aber das macht nichts, ich habe Zeit und freue mich, einmal in die Räume der Praxis schauen zu dürfen. Sie sind ja oft im Bild zu sehen und da ist es interessant zu schauen, ob sie tatsächlich so wie im Fernsehen aussehen. Jetzt fahre ich zurück nach Scheffau in mein Hotel, doch vorher gönne ich mir in Ellmau noch ein Eis. Besonders das dunkle Schokoladeneis schmeckt mir.

Es ist ein schöner Tag geworden, obwohl ich heute Vormittag noch gar nicht so recht wusste, was ich machen soll. Manchmal ergeben sich die Dinge einfach so.

Streiflicht
Natalie O'Hara (Susanne Dreiseitl)

Sie wurde am 17. Dezember 1976 in Göttingen geboren – ihre Mutter ist Flötistin und ihr Vater Theologe – Natalie O'Hara bekam in Hamburg eine Musicalausbildung und sie nahm Schauspielunterricht – sie ist verheiratet mit Johannes Mock-O'Hara und lebt in einer Finca auf Mallorca – ihre beiden Hunde liebt sie sehr – in der Erfolgsserie Der Bergdoktor spielt Natalie O'Hara die sympathische Wirtin Susanne Dreiseitl – neben ihren Fernsehauftritten ist sie regelmäßig z. B. im Alten

Schauspielhaus Stuttgart zu sehen – sie ist Fan von Udo Lindenberg – Natalie O'Hara strahlt eine ansteckende Offenheit und Fröhlichkeit aus

Außendrehort Gasthof Wilder Kaiser

Innendrehort Föhrenhof mit Wirtin Maria Told

Drehort Bergdoktorpraxis

Praxis Dr. med. Roman Melchinger

9 Superfans

Als ich gestern in Going vor der Absperrung stand, hinter der für den Bergdoktor gedreht wurde, ist mir klar geworden, dass es sie wirklich gibt, diese Superfans. Sie waren extra gekommen, um das Drehgeschehen beobachten zu können und sie waren nicht zum ersten Mal da, wenn gedreht wurde. Sie fahren von Drehort zu Drehort und sind fast immer dabei, sie reisen mit und sind schon fast so etwas wie Inventar geworden. Es machte ihnen überhaupt nichts aus, „nur" hinter der Absperrung stehen zu können. Und sie ließen sich auch nicht davon abschrecken, wenn sie vom Sicherheitspersonal immer einmal wieder gemaßregelt wurden, sich nicht an den Sicherheitszaun zu lehnen, leise zu sein und keine Fotos zu machen. Sie standen da wie angewurzelt und saugten alles auf, was da passierte. Als ich meinen Platz, der eigentlich ziemlich weg von der Absperrung war, verließ, strahlte die Dame hinter mir über das ganze Gesicht, weil sie ein klein wenig vorrücken konnte.

Ein richtig großer Fan vom Bergdoktor ist auch Michaela Sch. Sie reist zwar nicht von Drehort zu Drehort mit, gründete jedoch 2010 einen Fanclub, um sich noch intensiver mit ihrer Lieblingsserie beschäftigen zu können.

Sie schaute jede Folge des Bergdoktors und war so fasziniert vom Drehgeschehen und von den Schauspielern, dass sie ihre Idee von der Gründung eines Fanclubs dem Hauptdarsteller Hans Sigl vorschlug. Er war von ihrer Idee begeistert und auch vonseiten der Produktionsgesellschaft und vom ZDF her gab es keinerlei Einwände, die gegen die Gründung des Fanclubs sprachen. Das bestärkte Michaela in ihrem Vorhaben und der Fanclub wurde „geboren". Er bekam den Namen: Der Bergdoktor Offizieller Fanclub zur beliebten ZDF-Reihe. Inzwischen sind die Aktivitäten des Fanclubs fester Bestandteil des Bergdoktors. Bei Facebook werden die Fans regelmäßig über Neuigkeiten ihrer Lieblingsserie und über alles, was in irgendeiner Form damit zusammenhängt, informiert: Über Drehzeiträume und Drehorte, über Ausstrahlungstermine, über Neuzugänge von Schauspielern und darüber, wer in der nächsten Staffel nicht mehr dabei sein wird. Sie können auch nachlesen, was die Schauspieler machen, wenn sie nicht beim Bergdoktor drehen und erfahren rechtzeitig, welche Termine für die Schauspieler anstehen. Kaum eine Information geht verloren, die Fans sind immer nah dran am Geschehen, sie können sich untereinander austauschen und sich gemeinsam auf neue Folgen freuen. Im Sommer findet in Ellmau das jährliche Fantreffen statt. Es wird von Michaela und ihrem Team schon lange im Voraus gründlich und mit viel Herzblut vorbereitet. Ungefähr 90 ganz große Fans haben dabei die Möglichkeit, an einem verlängerten Wochenende ihrer Leidenschaft freien Lauf zu lassen. Bei Wanderungen auf den Spuren des Bergdoktors, der Besichtigung von Drehorten und bei lustigen Bergdoktorspielen ist es immer spannend. Es wird auch viel diskutiert, etwa über den doch etwas verrückten Namen Jens-Torben. Die Gespräche zwischen Dr. Kahnweiler und seinem einzigen Freund Martin sind ein Thema und natürlich gibt die turbulente Familiengeschichte der Grubers viel Zündstoff. Wenn das Gespräch dann auf Martin und seine Frauen kommt, erregen sich vor allem die Gemüter der Frauen, während die mehr oder weniger freiwillig anwesenden Ehemänner eher die Augen verdrehen und sich lieber ein Bier gönnen. Auch die Schauspieler nehmen sich Zeit. Am Abschlussabend gibt es das große Treffen der Schauspieler mit ihren Fans.

Superfans sind für mich auch die jungen Damen Melanie und Nicole aus Regensburg. Voller Stolz tragen sie ein Bergdoktortattoo auf ihren Füßen. Sie haben ihren Bergdoc, so nennen sie ihn, immer dabei. Dafür nehmen sie sogar das schmerzhafte Stechen des Tattoos in Kauf. Sie kennen natürlich jede Folge und sie nutzen jede Gelegenheit, um mit ihren Superhelden ins Gespräch zu kommen und um ein gemeinsames Foto machen zu können. Über die vielen Jahre hinweg ist schon eine kleine Fotogalerie zusammengekommen.

Neben dem Fanclub gibt es auch noch andere Fangruppen, die sich regelmäßig im Netz austauschen, meist dann, wenn aktuelle Folgen des Bergdoktors im Fernsehen laufen. In z. B. der Facebookgruppe „bergdoktorfangruppe" und in „die bergdoktor-freunde" wird prompt auf alles reagiert, was in der aktuellen Folge Thema war. Da machen sich die Fans sehr viele Gedanken darüber, wie es weitergeht in der Gruberfamilie. Richtige Fanwetten werden abgeschlossen, wie zum Beispiel „Wer gestaltet in Zukunft mit wem sein Leben? Hans mit Susanne? Lisbeth mit Ludwig? Martin mit Anne und Lilli? Das ist für mich vor allem deshalb so spannend, weil ich dadurch merke, wie die Geschehnisse im Bergdoktor Menschen emotional berühren, wie sie das alles an sich heranlassen und wie sie sich beim Bergdoktor zu Hause fühlen. Sie leben in einer Parallelwelt, in der sich Hoffnung mit Illusion verbindet und in der sich Bezüge zu ihrem alltäglichen Leben finden lassen.

Damit der Bergdoktor jeden Tag bei den Fans ist und sie sich als Bergdoktorfans zeigen können, hat der Tourismusverband Wilder Kaiser vorgesorgt. Es gibt viele Fanartikel zu kaufen, die an den Bergdoktor erinnern: eine Tasse mit dem Foto der Gruberfamilie, einen Regenschirm, eine blaue Sonnenbrille, ein Shirt mit Foto vom Gruberhof und sogar ein Bergdoktorpflaster. Und auch Michaela vom Fanclub lässt sich zu ihren Fanclubtreffen für die Superfans immer etwas einfallen: Bedruckte Trinkflaschen, Teller, Tassen und Schlüsselanhänger sind in den Haushalten der Superfans wahrscheinlich zahlreich vorhanden.

Superfans

Bergdoktorgala 2018 in Ellmau

10 Unterwegs am Hintersteiner See

Die Zeit vergeht sehr schnell, heute ist schon mein vorletzter Urlaubstag. Draußen scheint die Sonne, es ist kein Wölkchen am Himmel zu sehen und das Thermometer zeigt schon am frühen Morgen 27 Grad an, ein idealer Sommertag um im Hintersteiner See zu baden. Ich kann zum Hintersteiner See mit dem Seebus fahren, der fährt an der Kirche ab. Ich packe meine Badetasche und laufe den Berg hoch ins Dorf zur Bushaltestelle. An der Haltestelle warten schon viele Leute, doch zum Glück nimmt der Busfahrer alle mit. Der Bus ist sehr voll, ich stehe ganz vorn an der Tür und muss mich gut festhalten, weil der Busfahrer sehr zügig fährt und eine Kurve der nächsten folgt. Man merkt, dass er die Strecke nicht zum ersten Mal fährt. Am Parkplatz angekommen, sehe ich schon die vielen parkenden Autos; die Idee, baden zu gehen, hatten viele Leute. Im Bad leihe ich mir eine Sonnenliege und einen Schirm aus, denn die wenigen Schattenplätze unter den Bäumen sind schon belegt und außerdem kann ich auf der Liege bequemer liegen, als auf der Wiese. Mit Liege und Schirm ausgerüstet schaue ich mich nach einem schönen Plätzchen um und entdecke, fast am Ende des Badebereiches, etwas versteckt, noch einen freien Platz direkt am Ufer. Dort mache ich es mir gemütlich. Ich habe freien Blick auf den See. Das Wasser im See ist glasklar und hat 24 Grad, diese Temperatur stand jedenfalls auf der Tafel am Eingang des Bades. Im Wasser direkt vor mir schwimmen die Fische. Leider weiß ich nicht, zu welcher Fischart sie gehören. Es ist auf alle Fälle schön, sie zu beobachten. Im Wasser sind schon recht viele Leute und ich habe auch Lust auf eine Runde Schwimmen. Da der Untergrund etwas steinig ist, ziehe ich mir meine Badeschuhe an, sonst habe ich Probleme mit dem Laufen im Wasser und muss gleich losschwimmen. Das mag ich nicht so gern, ich brauche immer eine Weile zum Abkühlen. Es ist schön im Wasser. Am Anfang kommt es mir noch etwas kühl vor, aber das geht schnell vorbei. Ich bleibe eine Weile im Wasser und schwimme im See hin und her.

Beim Herauskommen aus dem Wasser bin ich ganz erstaunt, wie schnell es auf der Liegewiese voll geworden ist. Wenn ich erst jetzt gekommen wäre, hätte ich schon fast keinen freien Platz mehr gefunden. Es sieht aus wie an heißen Tagen am Strand auf Mallorca, nur dass es keinen Sand gibt: Kunterbunte Luftmatratzen, Liegen, Sonnenschirme, aufblasbare Schwimmtiere in allen Größen, sogar Leute mit Stand-up-Boards sind da. Das Strandbad ist für alles gut gerüstet, sogar Pumpen zum Aufblasen der Boards sind vorhanden. Langsam bekomme ich ein wenig Hunger und hole mir an der Strandbar einen großen Braunen (Kaffee mit Milch und Zucker), eine Flasche kühles Wasser ohne Kohlensäure und ein Paar Frankfurter (Wiener Würstchen). Während ich so sitze, meine Würstchen esse, meinen Kaffee trinke und ein bisschen beobachte, was die Leute machen, fällt mir die Sage vom Hintersteiner See ein:

In alter Zeit wanderte ein Bettler von Kufstein nach Kitzbühel. Sein Weg führte ihn durch das Sölland. Stolz und mächtig sah ihm die Burg Funkelstein entgegen. Der Bettler setzte sich in der Nähe der Burg auf einen Stein. Es war gegen Abend. Er überlegte, ob er an das Tor der Burg anklopfen und um ein Stück Brot bitten sollte. Der Torwart sagte: „Hier wirst du umsonst harren um ein Stück Brot. Der Burgherr ist geizig. Seine Frau schmachtet im Verlies und niemand kann sie retten. Außer es geschieht ein Wunder." Ich will sie retten, die arme Burgfrau, dachte sich der Bettler. Zum Torwart sagte er: „Kannst du mir Hammer und Meißel verschaffen?" Der Torwart brachte dem Bettler Hammer und Meißel und erklärte dem Bettler: „Dort wo eine kleine Tanne aus dem Boden wächst, dort ist die Burggräfin gefangen." Der Bettler begann mit dem Hammer und dem Meißel ein Loch zu schlagen. Sein Schweiß perlte tropfenweise auf den Boden. Um Mitternacht hatte er es geschafft. Die Burggräfin war erlöst und stieg durch das Loch heraus. „Wohin willst du gehen?", fragte sie der arme Bettler. Sie ant-

wortete: „Weit weg von meinem grausamen Manne."
„Darf ich dich begleiten?", fragte der Bettler. Sie antwortete: „Ja." Die beiden liefen über Berge und durch Täler, durch Wälder und Felder ins Bayerland hinaus. Die Burgfrau wollte zu ihrem Vater, einem bayrischen Ritter. Bei ihm wollte sie bleiben. An einer Quelle machten sie Rast. Die Gräfin war völlig erschöpft. Der Bettler reichte ihr Wasser und bereitete ihr aus Farn und Blättern ein Ruheplätzchen. Die Gräfin schlief ein. Als sie wieder erwachte und der Bettler mit ihr weitergehen wollte, sagte die Gräfin zu ihm: „Ich bin zu schwach, um aufzustehen. Ich werde sterben." Darauf antwortete ihr der Bettler: „Ehe du stirbst, werde ich zu Stein." Kaum hatte der Bettler diese Worte gesprochen, stand er da: In Stein verwandelt. Die Gräfin erschrak furchtbar und fiel tot um. Am anderen Tag fanden die Bauern die Leiche der Gräfin und das Steingebilde. Das Volk nannte dieses Gebilde „Bettlerstein". Nach einigen Jahrzehnten kaufte der Burgherr der Burg Funkelstein dem Bauern den Bettlerstein ab und ließ ihn im Schlosshof aufstellen. Am dreizehnten Tag der Aufstellung fiel das Steingebilde auseinander. Ein Blitz krachte und die Burg Funkelstein fing an zu sinken. An der Stelle, wo einst die Burg stand, liegt heute der Hintersteiner See.

(Nach: Anton Schipflinger in: Sonntagsblatt Unterland, 1936, Nr. 12, S.7. Aus: Sagen und Geschichten aus dem Brixental und seiner näheren Umgebung, gesammelt und niedergeschrieben vom Penningberger Volksliteraten Anton Schipflinger, zusammengestellt von Franz Traxler, Innsbruck 1995 (Schlern-Schriften Band 299).

Die Zeit vergeht sehr schnell, der See funkelt grün und blau in der Nachmittagssonne und man könnte denken, dass dies ein Gruß der Gräfin und ihrem Retter, dem Bettler ist.

Langsam wird es ruhiger im Strandbad. Die Sonne fängt nun an, sich hinter den Bergen des Scheffauers (das ist die höchste Erhebung des Westkaisers) zu verstecken. Ich packe meine Sachen in die Badetasche und gebe die Liege und den Schirm zurück. Doch zurückfahren ins Hotel will ich jetzt nicht, dafür ist es mir etwas zu früh. Ich laufe auf der Uferstraße entlang bis zur Jausenstation Oberhofer und trinke dort ein Radler. An der Speisetafel ist hausgemachte Suppe angeschrieben. Ich bin neugierig, was das für eine Suppe ist und frage nach. Die Wirtin sagt mir, dass ihr Mann heute Erbsensuppe mit Bauchspeck gekocht hat und das ich gern probieren kann. Dieses Angebot kann ich nicht ablehnen, die Erbsensuppe schmeckt wirklich vorzüglich. Es dauert nicht lange, da bekomme ich Besuch von den zwei hauseigenen Alpakas. Sie sind sehr zahm und neugierig und lassen sich sogar von mir streicheln. Eigentlich könnte ich hier einmal übernachten, geht es mir so durch den Kopf. Doch wie ich das denke, fällt mir die Sache mit dem „Galgenstatter Bock" ein. Da, wo ich jetzt gerade sitze, gab es einst den Bauernhof Galgenstatt. Hier hauste der gefürchtete „Galgenstatter Bock". Er trieb vor allem nachts sein Unwesen und versetzte die Bewohner des Hofes in Angst und Schrecken. Nicht selten fielen sie, in der Hoffnung dann heil die Nacht zu überstehen, in ein Stoßgebet.

Aber das alles sieht heute nun wirklich nicht zum Fürchten aus und außerdem ist hier ein Kruzifix aufgestellt. Ich muss mir keine Sorgen machen, Jesus passt schon auf mich auf.

Gegenüber der Jausenstation gibt es eine private Badestelle, von der man einen sehr schönen Blick auf den gesamten See hat. Hier finden auch manchmal Dreharbeiten zum Bergdoktor statt und am Bootsschuppen sind schöne Fotos von Hans Sigl entstanden.

Ich bezahle und überlege, ob ich noch ein Stück weiter bis zum Biobauernhof Maier laufe oder ob ich zurückgehe. Ich entscheide mich für den Biobauernhof, es sind nur ein paar Minuten bis dort hin. Der Weg führt etwas weg vom See durch eine bunt blühende Almwiese. Leider kenne ich mich mit den Wiesenblumen auf Almwiesen nicht aus, aber zumindest erkenne ich den scharfen Hahnenfuß, der so schön gelb strahlt und den rosa Wiesenklee. Schon von weitem höre ich das Meckern einer Ziege, vielleicht begrüßt sie die vorbeikommenden Leute oder sie will einfach nur erzählen. Auf dem Hof der Familie Maier laufen die Hasen mit ihren extra langen Ohren im Freigehege umher und sehen sehr zufrieden dabei aus. Der Haushund, ein großer Bernhardiner, wedelt mit dem Schwanz und freut sich über Streicheleinheiten. Sogar ein schwarzes Schwein kommt grunzend über den Hof gelaufen. Gerade serviert die Bedienung den Übernachtungsgästen das Abendbrot und obwohl ich eigentlich keinen Hunger mehr habe, esse ich noch eine kleine Portion Marillenknödel. Die gibt es bei den Übernachtungsgästen als Nachtisch und sie sehen so appetitlich aus.

Langsam wird es mir etwas kalt und ich habe auch nichts mit, was ich überziehen könnte, da ich mich nur auf Baden eingerichtet habe. Doch das ist kein Problem, denn ich kann von hier aus mit dem Seebus direkt wieder zurück zum Dorfplatz in Scheffau fahren. Ich habe jetzt auch keine Lust mehr zum Weiterlaufen, aber wenn ich wieder einmal da bin, werde ich den ganzen See umrunden. Ich sehe schon die Hinweisschilder, die den Rundweg anzeigen. Auf dem Rückweg am Steilufer des Sees entlangzugehen stelle ich mir auch ganz toll vor.

Von weitem sehe ich schon den Bus kommen, also bezahle ich schnell meine Rechnung und fahre dann zurück nach Scheffau. Es war ein sehr schöner Tag.

Jetzt sitze ich im Hotel mit ein paar Leuten bei einem Gläschen Wein zusammen und erzähle von meinem Tag. Einige von ihnen haben den See schon umrundet und berichten vom „Rabensteiner Fackai", der auf der anderen Seeseite umgeht. Das ist ein hüpfendes Licht, in dem eine unerlöste Seele steckt. So erzählt es zumindest die Sage vom Rabenstein. Aber tagsüber schläft der Fackai. Da ich nicht vorhabe, nachts den See zu umrunden, werde ich den Fackai wohl nie zu sehen bekommen, obwohl ich schon etwas neugierig auf ihn geworden bin.

Drehort Hintersteiner See

Jausenstation am Seeufer

Strandbad am Hintersteiner See

11 *Im Zauber der Hexen*

Schade, dass ich keinen Wunsch frei habe. Wenn das so wäre, dann würde ich mir wünschen, einen Tag lang Hexe zu sein und dann würde ich mir meine Welt zurechtzaubern. Ich könnte versuchen, den Teufel davon zu überzeugen, dass es gut ist, mit dem lieben Gott Freundschaft zu schließen. Zusammen wären sie richtig stark und würden es vielleicht schaffen, die Menschen davon zu überzeugen, jeden Tag eine kleine gute Tat zu realisieren. Hier am Wilden Kaiser machen die Hexen ihre Arbeit sehr gut. Da habe ich tatsächlich das Gefühl, das der Teufel mit dem lieben Gott Freundschaft geschlossen hat und in den Bergdoktordörfern eine Wohlfühlatmosphäre verbreitet wird, die weitestgehend frei von Hektik und schlechter Laune ist.

Die Hexen haben im „Hexenwasser", einer freien Fläche hoch über dem Ort Söll, ihr Zuhause und freuen sich, wenn Besuch kommt. Am Hexenwasser leben alle friedlich miteinander. Über dem Hexenwasser liegt ein Zauber, der die Erwachsenen und die Kinder gleichermaßen verhext. Die Kinder spielen friedlich miteinander, noch nie habe ich hier schreiende oder quengelnde Kinder erlebt und ich habe auch noch nie gesehen, dass genervte Eltern an ihren Kindern herumzerren oder sie lautstark zurechtweisen. Das Hexenwasser ist ein magischer Ort, an dem es Menschen gelingt, friedlich miteinander umzugehen. Gleich neben der Mittelstation der Bergbahn steht ein großer schwarzer Hexenkessel, der dauerhaft angeheizt ist. Wenn die Leute aus der Bergbahn kommen, werden sie vom Dampf des Hexenkessels umgeben und der Zauber, der in der Luft liegt, umhüllt die Seelen der Ankömmlinge. Er entführt sie in eine wundervolle Welt, in der es weder Zank noch Streit gibt. Die Ankömmlinge dürfen sich auf aufregende und abenteuerliche Stunden freuen, denn die vielen Hexen im Hexenwasser kennen sich ganz genau mit der Hexerei aus: Sie wissen über die hier wachsenden Kräuter Bescheid; sie bereiten wohltuenden Tee zu; sie kennen jeden Stein am Boden und sie kennen sich mit der aufmunternden Wirkung des Wassers aus. Jeder, der hierherkommt und sich verhexen lässt, kann frei und zwanglos einen schönen Tag mit den Hexen am Hexenwasser verbringen. Unter den Hexenschirmen taucht er in die Welt der Tropfen ein und besonders, wenn es regnet, ist es spannend unter den Hexenschirmen, denn dann sieht man dort, wie sich in einem selbst gefangenen Regentropfen die ganze Welt spiegelt. Es gibt am Hexenwasser eine Hexe, von der man lernt, wie der Hexentee zubereitet wird, der Wundersames bewirkt, wenn er frisch zubereitet getrunken wird: Man hört das Wasser rauschen, die Steine klingen, den Wind singen und die Bienen summen. An manchen Tagen bringt der Wind die Harfe im „Hexenwasser" zum „Singen". Das ist der Moment, wo man meint, im Paradies zu sein.

Durch das gesamte Gebiet des „Hexenwassers" laufen kleine Bäche und manchmal wurden Bäche zu Seen aufgestaut. Das Wasser dieser Bäche und kleinen Seen ist eiskalt. Wer sich trotzdem getraut, hineinzugehen, wird die heilende Wirkung des Wassers zu spüren bekommen und neue Kraft schöpfen.

Einmal im Jahr wird am „Hexenwasser" ein großes Fest gefeiert. Am zweiten Donnerstag im September ist hier oben Bergdoktorbergfest. Dieses Fest organisiert der Tourismusverband Wilder Kaiser. Es wird gehext, was das Zeug hält und aus den Hexenkesseln dampft und zischt es. Da hat der große Hexenmeister voll zu tun und ein ganz besonderer Zauber liegt an diesem Tag in der Luft. Er verhext alle, die ins „Hexenwasser" gekommen sind. Leute, die sich vorher noch nie begegnet sind, haben gemeinsam Spaß. Sie kommen zu diesem Fest aus ganz Deutschland und aus Österreich zusammen, manchmal ist auch jemand aus Norwegen oder Schweden dabei. Die Leute kommen allein, zu zweit oder zu dritt, als Familien, Freunde, Pärchen und sogar in kleinen Reisegruppen. Egal, wie alt die Leute sind, sie werden alle magisch angezogen und freuen sich darauf, den Hexenzauber dieses besonderen Tages zu erleben.

Heute ist es wieder so weit. Das Bergdoktorbergfest hat begonnen. Ich stehe gerade am großen schwarzen Hexenkessel und versuche, mich zurechtzufinden. Der Hexenkessel zischt und dampft und überall sind Leute, ich schätze, mehr als 4000 Menschen laufen umher. Den vielen Hexen macht es großen Spaß zu beobachten, was hier passiert: Sie fliegen auf ihren Hexenbesen und beobachten das Treiben. Mir kommt es so vor, als ob die Leute alle in eine Richtung laufen. Ich gehe ihnen hinterher, in der Hoffnung, dass sie mehr wissen als ich. An einem großen Traktor aus Heu, vor dem der grüne Mercedes von Martin Gruber steht, bildet sich eine Traube. Von den Schauspielern sehe ich niemanden, obwohl angekündigt wurde, dass sie beim Fest auf alle Fälle mit dabei sind. Jetzt bekomme ich mit, dass am Heutraktor die anwesenden Gäste begrüßt werden, Informationen zum Ablauf des Festes durchgegeben werden und erklärt wird, warum die Schauspieler nicht da sind. Die Hexen haben Hand angelegt und waren schon sehr früh in geheimer Mission am Werk. Als es draußen noch dunkel war, wurden die Schauspieler zu verschiedenen Orten geflogen und dort versteckt. Die Hexen kennen sich sehr gut in ihrem Revier aus. Sie wählten Verstecke aus, die nur mit Tipps der Hexenoberin gefunden werden können. Diese Tipps werden nun gegeben und sofort beginnt der Flugbetrieb. Euphorisch „fliegen" die Menschen umher, um die Schauspieler schnell zu finden. In alle Richtungen wird ausgeflogen. Es ist ganz schön warm und die Sonne prallt mir auf den Kopf. Leider habe ich keine Kopfbedeckung dabei, das ärgert mich zwar, aber da muss ich jetzt durch. Ich weiß gar nicht, in welche Richtung ich starten soll und entscheide mich für den Anflug auf einen Ort seitlich der Bergstation. Mit dem Landeanflug habe ich Probleme, die Sicht ist durch den Dampf der Hexenkessel schlecht und die Landebahn ist überfüllt mit vielen Leuten. Eine zweite Landebahn wäre gut, so stark ist der Andrang. Aber ich habe die Landung hinbekommen und freue mich, mein erstes Ziel sicher erreicht zu haben. Die Hexen haben hier Mark Keller versteckt. Um ihn herum zischen kleine Hexenkessel, er ist umhüllt vom Dampf und ich kann ihn kaum erkennen. Ich versuche, zu ihm vorzudringen, muss etwas drängeln, aber schaffe es. Er ist lustig drauf, gern würde ich hier länger bleiben, doch das geht nicht, sonst schaffe ich es nicht, alle Verstecke zu finden. Ich fliege weiter in der Hoffnung, das nächste Versteck schnell zu finden. Überall gibt es Anflugstaus und die Zeit sitzt mir im Nacken. Inzwischen ist als „Geheimtipp" durchgesickert, den Bergdoktor als letztes anzufliegen, da der Anflug ein klein wenig mit Anstrengung verbunden ist, weil der Bergdoktor von der Oberhexe extra auf eine Anhöhe geflogen wurde. Ich entscheide mich deshalb, erst einmal unterhalb des Berges weiterzufliegen. Das ist eine gute Idee, ich sehe erst Natalie O'Hara, dann Heiko Ruprecht. Die Landeanflüge gelingen mir problemlos und bei Natalie bleibt mir sogar ein wenig Zeit für einen kurzen Schwatz mit ihr. Jetzt will ich noch zum Höhenflug auf die Anhöhe ansetzen. Die Sicht ist inzwischen ganz gut, der Qualm der Hexenkessel zieht in die andere Richtung ab. Kaum habe ich abgehoben, sehe ich in der Ferne schon die Menschenmassen auf der Anhöhe. Kurz kommen bei mir Zweifel auf, ob es sich überhaupt lohnt, dort hinzufliegen, doch diesen Gedanken verwerfe ich gleich wieder, denn Aufgeben ist nicht mein Ding. Es war gut, dass ich nicht aufgegeben habe, sonst hätte ich nicht erleben können, wie Hans Sigl auf den Massenansturm reagiert.

Es ist kurz vor 12:00 Uhr und langsam wird es ruhiger. Ich habe ausreichend Gelegenheit, mich von den anstrengenden Flügen zu erholen. An den Almen rund um die Mittelstation wird zünftige Tiroler Heimatmusik gespielt, auf der Terrasse der Mittelstation gönne ich mir ein kühles Radler. Ein letztes Mal für heute benutze ich den Hexenbesen, diesmal nicht zum Fliegen, sondern für ein Foto. Da steht auf einer kleinen Anhöhe, nicht weit von mir entfernt, ein großer Bilderrahmen. Der ist so groß, dass ich samt Hexenbesen darin Platz habe. Ich kann von weitem den Gruberhof sehen und freue mich über das wirklich schöne Foto. Heimlich hoffe ich für mich und für alle, die hier waren, dass der Hexenzauber noch eine Weile wirkt. Lust auf einen weiteren Zaubertrank habe ich jetzt schon. Den gibt es sicher im nächsten Jahr, wenn es erneut heißt: Wenn sich „Der Bergdoktor" und die Hexen treffen, sind alle verzaubert und fliegen gemeinsam auf Wolke Nummer 7.

Streiflicht
Mark Keller (Dr. Alexander Kahnweiler)

Mark Keller ist am 5. Mai 1965 in Überlingen am Bodensee geboren – er heißt mit bürgerlichem Namen Marko Keller – mit seiner Frau Tülin Keller hat er die Söhne Aaron und Joshua – Mark Keller lernte Kfz-Mechaniker – später studierte er drei Semester an der Schauspielschule Freiburg – sein Durchbruch gelang ihm 1989 in der Rudi Carell Show, als er Dean Martin imitierte – bei der ARD-Serie „Sterne des Südens" sang er die Titelmelodie – viele Zuschauer wurden auf Mark Keller in der RTL-Actionserie „Alarm für Cobra 11" aufmerksam – im Kinofilm „I love you Baby" hatte Mark Keller die Hauptrolle, er sang im Duett mit Helene Fischer in deren Weihnachtsshow – seit 2008 ist er als Dr. Kahnweiler beim Bergdoktor zu sehen

Mit der Superhexe unterwegs

Hexen am Hexenwasser Söll

Bergfest am Hexenwasser

12 *Im Krankenhaus*

Endlich hat es einmal geklappt und an meinem letzten Urlaubstag kann ich beim Bergdoktordreh als Komparse dabei sein. Gedreht wird im Krankenhaus in Schwaz. Das Krankenhaus in Schwaz ist kein gestellter Drehort, sondern ein ganz normales Krankenhaus, in dem reger Krankenhausbetrieb herrscht. Wir drehen im langen Gang, durch den normalerweise die Patienten zu ihren Behandlungsräumen laufen. Für den Dreh wurde der Gang umbestuhlt, die bunten Stühle, die normalerweise vor den Behandlungszimmern stehen, wurden durch blaue ersetzt und an der Wand hängen keine Bilder mehr.

Ich bin als Patient im Krankenhaus und habe einen leuchtend weißen Bademantel an. Meine Aufgabe ist es, nach den Anweisungen der Regie mit anderen Patienten, Besuchern und dem Krankenhauspersonal den Gang auf und abzulaufen, so wie es im Krankenhausbetrieb geschieht, wenn die Patienten zu ihren behandelnden Ärzten müssen, Besucher kommen und die Ärzte alle Hände voll zu tun haben, um die Patienten zu versorgen. Der Dreh beginnt spannend, Dr. Kahnweiler läuft den Gang entlang, er wirkt sehr nervös und sein Blick geht suchend hin und her, bis plötzlich Vera mit schnellem Schritt aus einem der Arztzimmer kommt. Der Rettungssanitäter hat es auch eilig und rennt, mit einem Megafon in der Hand, den Gang entlang. Weit kommt er damit nicht, weil Dr. Kahnweiler den Weg blockiert und ihm das Megafon aus der Hand reißt, damit auf einen Stuhl im Gang steigt und laut hineinruft: Vera, willst du mich heiraten?

Für einen Moment ist es ganz still und alle sind auf die Reaktion von Vera gespannt, vor allem deshalb, weil das Verhältnis der beiden gleich einer Berg- und Talfahrt ist, mal himmelhochjauchzend, mal zu Tode betrübt. Die Rolle eines Ehemannes konnte sich Dr. Kahnweiler bislang nicht vorstellen, immer ging er sehr auf Distanz, wenn die Sache „Heiraten" Thema war. Jetzt macht er Vera in der Öffentlichkeit einen Antrag und den auch noch in dem Krankenhaus, in dem er und Vera täglich gemeinsam arbeiten. Was ist, wenn Vera „nein" sagt? Kann sich Dr. Kahnweiler dann dort überhaupt noch sehen lassen?

Vera zögert nicht, sie musste lange auf diesen Antrag warten und ehe es sich ihr Alexander anders überlegen kann, sagt sie vor vielen Zeugen laut: „Klar will ich". Diese eindeutige Zusage wird ihr mit tosendem Beifall der Anwesenden belohnt.

Der Krankenhausbetrieb geht normal weiter, zu Hause laufen die Vorbereitungen für die Hochzeitsfeier.

Dr. Kahnweiler spürt, dass es für ihn ernst wird und ein Bauchkribbeln überfällt ihn. Kommen da etwa Zweifel auf, wird ihm das plötzlich doch alles etwas zu eng, überfällt ihn Torschlusspanik? Im Krankenhaus arbeiten junge, hübsche Lernkrankenschwestern, denen er freundliche Blicke zuwirft. Sie haben Spaß daran, diese zu erwidern. Mit ihnen verabredet sich Dr. Kahnweiler auf einen Drink in einer Bar. Was passiert, wenn Vera davon erfährt? Lohnt es sich wirklich, Kopf und Kragen zu riskieren und sich so weit aus dem Fenster zu lehnen und ist es nicht Vera gegenüber Vertrauensbruch? Darüber scheint Dr. Kahnweiler nicht nachzudenken. Doch da ist Martin, sein einziger Freund, der zufällig genau in der Bar mit „seiner" Apothekerin eine Verabredung hat, in der auch Dr. Kahnweiler mit den beiden Lernschwestern am Tresen sitzt. Martin tritt hinzu und nimmt, ohne viele Worte zu verlieren, Dr. Kahnweiler mit.

Es macht mir sehr viel Spaß, erleben zu dürfen, wie neue Szenen entstehen. Ganz schnell ist man mitten im Alltag des Bergdoktors. Neben mir gibt es noch andere Komparsen, die dafür sorgen, dass es im Krankenhausgang turbulent zugeht. Einige bekommen gerade Besuch, andere sind im Gespräch mit Ärzten oder Pflegern. Ich muss mich konzentrieren, denn die Szene wird wiederholt und es heißt: alles auf Anfang. Das bedeutet, bis ins Detail genau muss wiederholt werden, was eben gemacht wurde, da ist es auch nicht egal, ob mein Bademantel erst auf und bei der Wiederholung geschlossen ist. Nach der vierten Wiederholung ist alles perfekt und es erfolgt die Gegenaufnahme. Da ich darin nicht zu sehen bin, habe ich einen Moment Pause, doch ich darf mich nicht vom Drehort entfernen, denn es soll gleich weitergehen. Mit dem Zeitmanagement ist das immer so eine Sache, so genau lässt sich nie planen, wie viel Zeit für das perfekte Bild gebraucht wird. Vier Bilder müssen heute noch in den Kasten, sagt uns unser Komparsenbetreuer Christian. Das dauert noch, deshalb wird der Dreh erst einmal mit der Mittagspause unterbrochen. Zum Mittag gibt es bunten Salat, unterschiedliche Nudelgerichte und als Nachspeise verschiedene Süßspeisen und Kuchen. Alles bekommen wir auf recyclingbaren Tellern serviert, das ist sehr umweltbewusst. Das Essen ist sehr lecker, alles kann ich gar nicht probieren. Nach der Mittagspause geht der Dreh weiter, wir Komparsen werden erst einmal nicht gebraucht, da jetzt ein Bild ohne Komparsen gedreht werden soll. Ich komme mit anderen Komparsen ins Gespräch. Da gibt es Leute, die zum ersten Mal dabei sind und für die alles neu ist und da gibt es die „alten Hasen", oder wie man scherzhaft sagt, die „Edelkomparsen". Diese dürfen dann auch schon einmal den Arztkittel tragen und sich das Schild mit dem Namen aussuchen: Oberarzt Dr. R. Kittel, Dr. Aurelia Kirsten oder Assistenzarzt Volker Braun. Die „alten Hasen" wohnen oft in der Nähe der

Drehorte und haben flexibel Zeit, sie stehen abrufbereit, deshalb überträgt man ihnen gern feste Komparsenrollen. Es ist aber völlig egal, ob man das erste Mal dabei ist oder ob man sich schon auskennt, Spaß hat jeder gleichermaßen. Heute treffe ich eine junge Frau, Kathrin S., mit einer interessanten Geschichte. Sie erzählt in noch etwas sächsischem Dialekt, dass sie vor vielen Jahren von Leipzig nach Tirol „ausgewandert" ist, weil man ihr in Tirol sehr gute Arbeitsbedingungen bot. Sie lebt jetzt dort, wo andere Urlaub machen und fühlt sich in ihrer Wahlheimat sehr wohl. Da sie flexible Arbeitszeiten hat, kann sie immer wieder einmal Komparse beim Bergdoktor sein und das macht ihr großen Spaß.

Jetzt werde ich wieder beim Dreh gebraucht. Eine größere Szene steht auf dem Drehplan. Ich werde von der Regieassistentin „sortiert", das heißt, sie sagt mir, was ich jetzt zu tun habe. Es ist eine Szene mit Hans Sigl, der gerade gebrieft wird und am Rande des Ganges auf Warteposition steht. Das Bild ist eingerichtet, doch es kann nicht losgehen, weil noch wirkliche Patienten auf dem Krankenhausgang umherlaufen. Plötzlich kommt ein junger Mann mit sichtbaren Gehproblemen, der von seiner Begleiterin gestützt werden muss. Er kann nur sehr langsam laufen und droht, Hans Sigl im wahrsten Sinne des Wortes vor die Füße zu fallen. Das, was im ersten Moment kurios aussieht, ist bitterernst, denn der junge Mann schafft das Weiterlaufen aus eigener

Kraft auch mit Unterstützung seiner Begleiterin nicht mehr. Geistesgegenwärtig reagiert Herr Sigl und ruft nach dem Rollstuhl, der eigentlich Requisite für die Dreharbeiten ist und deshalb zum Glück nicht weit weg steht. Dem verletzten jungem Mann kann rasch geholfen werden. So schnell wird aus Schauspielerei Realität.

Streiflicht
Rebecca Immanuel (Vera Fendrich)

Rebecca Immanuel heißt mit bürgerlichem Namen Sonja Zimmer – sie ist am 13. November 1970 in Oberhausen geboren – Rebecca Immanuel ist verheiratet und hat einen Sohn – sie lebt mit ihrer Familie in Berlin – ihre Hobbys sind z. B. Tanzen, Singen, Reiten, Klettern – in Hamburg machte Rebecca Immanuel Abitur – ihre Schauspielausbildung absolvierte sie an der Hochschule für Schauspielkunst Ernst Busch in Berlin – in Los Angeles belegte sie einen Hollywood Acting Workshop – bekannt ist sie u. a. durch die Anwaltsreihe „Edel & Stark" und durch „Die Eifelpraxis" – seit 2012 ist sie in „Der Bergdoktor" zu sehen – ihr Beauty-Tipp: viel schlafen – ihre schlimmste Modesünde: viel zu teure altrosa Stoffstiefel von Gucci

Gang im Krankenhaus in Schwaz

Krankenhaus Schwaz (Tirol), Eingangsbereich

13 Schweres Gepäck

Lilli hat recht, ihre Oma kann sich nicht vor Onkel Ludwig verstecken und auch alle anderen Grubers kommen an ihm nicht vorbei. Das, was vor langer Zeit passiert ist, gehört zur Gruberfamilie, es ist ein Teil ihres Lebens und alle müssen ihn als solchen akzeptieren. Probleme verschwinden nicht, auch wenn sie im Alltagsleben keine Dominanz haben und weil niemand darüber spricht. Mit der Rückkehr von Onkel Ludwig scheint es fast so, als würden sich ihre Oma und Onkel Ludwig auf eine Zeitreise begeben, die vor 25 Jahren begann und als würde ihre Oma auf dieser Reise schweres Gepäck mit sich herumtragen. Für Lilli ist diese Reise wie ein versiegeltes Buch, sie war damals noch nicht auf der Welt und hatte bis jetzt keine Gelegenheit, an dieser Reisegeschichte teilzunehmen, weil ihre Oma das Siegel der Verschwiegenheit nicht aufbrechen wollte. Ein wenig traurig ist Lilli darüber schon, vor allem deshalb, weil sie bislang glaubte, die Grubers haben nichts zu verbergen. Jetzt beobachtet sie sehr aufmerksam, was in den Grubers vorgeht und ihr fällt auf, dass die anfängliche absolute Verweigerung ihrer Oma, in Bezug auf alles was in irgendeiner Weise mit Ludwig zu tun hat, langsam aufbricht und ihre Oma immer mehr Verständnis für das, was Ludwig macht, zeigt. Sie spürt, dass Lisbeth und Ludwig etwas verbindet, dass mehr sein muss als zwischen Schwager und Schwägerin üblich, dass es etwas sein muss, das beide in ihrem Innern stark aufwühlt und das gleichzeitig den Wunsch nach Nähe erzeugt. Doch nicht nur die Rückkehr von Onkel Ludwig nach Ellmau rüttelt die Grubers auf. Es stellt sich zunehmend die Frage, ob alle wirklich dort angekommen sind, wo sie meinen, glücklich zu sein oder ob der Schein trügt. Hans merkt als Erster, dass sein bisheriger Hoferhaltungswahn seine Freiheit einschränkt, ihn immer und immer wieder in neue Zwangsjacken steckt; sei es der dringend gebrauchte Kredit, Verhandlungen um die „Grubermilch" oder seine Unabkömmlichkeit auf dem Hof. Er erkennt, dass er nur selten das tun kann, was er jetzt gern tun möchte: sich um Susanne und die gemeinsame Tochter Sophia kümmern. Diese Einsicht führt Hans dazu, Martin in seine Pläne, den Hof zu verkaufen, einzuweihen. Er kann sich schon denken, dass Martin sich darüber nicht freut und er kann sich auch denken, dass Martin ihn dabei nicht unterstützen wird. So kommt es auch. Doch Hans hält aus, dass Martin mit dem Argument, fast Vorwurf, kommt, er würde mit dem Verkauf des Gruberhofes der Familie den Boden unter den Füßen wegziehen, ihnen ihr gemeinsames Zuhause streitig machen. Hans sieht den Verkauf des Gruberhofes nicht nur für sich als neue Chance der Lebensgestaltung, sondern er spürt auch, dass mit seinem Entschluss das Leben aller Familienmitglieder eine komplett neue Ausrichtung erfahren kann. Mit dem Geld, das durch den Verkauf des Hofes vorhanden ist, kann er endlich alle Schulden abzahlen und muss sich nicht jeden Tag aufs Neue Gedanken darüber machen, wie es auf dem Hof weitergeht, muss bei der Bank nicht um Kredite betteln und kann endlich wieder durchatmen. Zum anderen hat jedes Familienmitglied mit seinem Geldanteil einen soliden Grundstock für eine Neuausrichtung. Susanne zeigt sich verständnisvoll. Dennoch fordert sie Hans auf, genau zu überlegen, ob dieser, für alle Grubers lebensverändernde, Entschluss gut durchdacht und wirklich von ihm gewollt ist. Ihre Unterstützung sichert sie Hans in jedem Falle zu. Lisbeth wirkt gelassen, als sie von Hans' Plänen erfährt. Diese Reaktion hat Hans nicht erwartet, schließlich ist sie es, die gemeinsam mit ihm tagein und tagaus den Hof bewirtschaftet und für die der Gruberhof nicht nur Arbeits- und Wohnort ist, sondern auch oder vor allem der Ort, an dem alle Grubers gemeinsam gelacht und geweint haben, an dem Probleme gelöst wurden und an dem sie das Gefühl hat, daheim zu sein. Sie ist niemals vom Gruberhof weggekommen, ganz anders als Martin, der seinen Freiraum, mit der Gewissheit ein sicheres Zuhause zu haben, nutzen konnte und in Amerika war. Lisbeth weiß jedoch auch sehr genau, wie schwierig es ist, den Hof am Leben zu erhalten und wie oft auch sie schon ans Aufgeben dachte. Sie kann den Entschluss von Hans verstehen und stellt sich ihm nicht in den Weg. Martin und Lilli wollen vom Verkauf des Gruberhofes nichts hören und wehren vehement ab, haben aber auch keinen Gegen- oder Unterstützungsvorschlag. Anne, Martins ehemalige Freundin, ist nach der Trennung von ihm von Ellmau weggegangen, aber vor einigen Wochen wieder nach Ellmau zurückgekehrt. Martin scheint ihr nach wie vor nicht egal zu sein und zu allen anderen Grubers hatte sie schon damals ein gutes Verhältnis, sie hat sogar schon auf dem Gruberhof fleißig mitgeholfen. Anne steckt in großen finanziellen Schwierigkeiten, deshalb hilft ihr Martin finanziell aus und bietet ihr an, in die gerade frisch renovierte und neu hergerichtete Wohnung über der Arztpraxis, in der früher Dr. Melchinger wohnte, zu ziehen. Anne merkt recht schnell, dass bei den Grubers etwas nicht stimmt und nachdem sie von Martin erfährt, dass Hans den Gruberhof verkaufen und die angedachte „Grubermilch" aufgeben will, bietet sie ihre Hilfe an. Sie schaut sich das Konzept der „Grubermilch" genau an und erklärt, was daran ihrer Meinung nach zu verändern ist, um sehr schnell mit Gewinnen rechnen zu können und nicht bedachte Chancen zu nutzen. Anne ist absolut davon überzeugt, dass die „Grubermilch" der große Erfolg wird. Sie will auch kräftig mithelfen, sodass Hans unten im Gasthof bei Susanne wohnen kann und nur zur Arbeit auf den Gruberhof kommen muss.

Bei allen Argumenten für die „Grubermilch" und damit auch für die Erhaltung des Gruberhofes will Hans sich nicht überzeugen lassen, er wirkt fest entschlossen, das schon vorhandene Angebot einer Familie aus München anzunehmen.

Während sich bei Martin und Lilli tiefe Traurigkeit breit macht und Lilli es schon nicht mehr schafft mit anzuschauen, wie die Tage auf dem Gruberhof abnehmen und zu Anne zieht, bleibt Lisbeth weiter gelassen. Sie scheint im Augenblick etwas anderes viel stärker zu beschäftigen und dieses Andere kann nur mit Ludwig zusammenhängen. Immer wenn von Ludwig die Rede ist, wirkt sie nachdenklich gerührt, manchmal fast ein wenig abwesend. Eines Tages bricht etwas in ihr auf: Lisbeth kann das Geheimnis nicht mehr für sich behalten und erzählt, dass sie und der Ludwig ein heimliches Liebespaar waren. Nachdem ihr Mann nicht mehr aus dem Berg zurückkam, ist Ludwig von ihr weg nach Wien gegangen und sie haben sich seitdem nie mehr wiedergesehen. Ihre Liebe zueinander scheint die Zeit überstanden zu haben und jetzt, wo Ludwig wieder da ist, dringen die Bilder von damals in ihr Leben zurück. In Lisbeth wird der Wunsch, Ludwig nahe zu sein, immer stärker und auch Ludwig spürt das. Zum Plan von Hans, den Gruberhof zu verkaufen, äußert sich Ludwig wenig, auch als er erfährt, dass er einen Teil des Gewinnes bekommt, ändert sich das nicht, obwohl damit alle Erbstreitigkeiten geklärt und die Grubers friedlich miteinander leben könnten. Jetzt, wo Lisbeth seine Gefühle erwidert, können beide noch einmal neu starten und das wollen sie auch mit einer gemeinsamen großen Reise tun. Lisbeth freut sich sehr darauf und besorgt viele Reiseprospekte, um sich und Ludwig von Reisevorschlägen inspirieren zu lassen und mit den Planungen beginnen zu können. So richtig läuft das jedoch nicht nach ihren Vorstellungen. Ludwig wirkt plötzlich zurückhaltend, fast ein wenig verschlossen. Er sagt, er braucht etwas Zeit für sich und sagt sogar ein Date mit ihr ab. Mit dieser Situation kommt Lisbeth schwer zurecht und ist traurig. Inzwischen hat Ludwig sich mit Martin unterhalten und ihm den Grund für seine Zurückhaltung gesagt: Damals, vor 25 Jahren als Ludwig angeblich wegen Erbstreitigkeiten mit seinem Bruder in die Berge ging, hat Ludwig ihm seine Liebe zu Lisbeth gestanden und zugelassen, dass sein Bruder allein in die Steilwand ging. Er hat es nicht mehr ausgehalten, sich ständig heimlich mit Lisbeth zu treffen und im Familienkreis so zu tun, als wäre da nicht mehr als Freundschaft zwischen ihm und ihr. Ludwig fühlt sich schuldig am Tod seines Bruders und kommt nur schwer mit der Schuld, die er sich zuweist, klar. Er ist am Überlegen, Lisbeth, Hans und Lilli die Wahrheit zu gestehen. Wenn Ludwig Lisbeth davon erzählt, wird sie nicht mit ihm weggehen wollen und sie wird sehr traurig und verletzt sein; weil Ludwig sich nicht an ihre damals getroffene Vereinbarung, ihre Liebe heimlich zu halten, gehalten hat. Sie wird nicht verstehen können, dass Ludwig seinen Bruder, nachdem er von der Liebesbeziehung erfahren hatte, allein in die Steilwand gehen ließ. Hans wird, wenn er die Wahrheit erfährt, möglicherweise aus Rücksicht auf seine Mama den Gruberhof nicht verkaufen und weiter in den Fängen des Hofes leben. Wenn Ludwig gesteht, was damals geschah, wird sowohl bei Hans als auch bei Lisbeth eine Welt zusammenbrechen, die sie gerade neu aufbauen. Martin weiß das und rät seinem Onkel vom Geständnis ab, weil das, was damals war, nicht mehr rückgängig zu machen ist. Er findet es nicht gut, wenn das neu begonnene Glück von Hans und Susanne einer neuen Zerreißprobe ausgesetzt wird und er will auch nicht mit zusehen müssen, wie Lisbeth unglücklich wird. Ludwig stimmt dem Wunsch von Martin zu und denkt in diesem Moment auch, dass er verdrängen kann, was damals geschah. Lisbeth ist vor Freude fast außer sich, als Ludwig ihr anbietet, mit ihm gleich morgen auf große Reise zu gehen. Die Koffer sind schnell gepackt und freudestrahlend verabschiedet sich Lisbeth von Hans, Martin und Lilli. Überglücklich sitzt sie im blauen Jeep mit Wiener Kennzeichen neben Ludwig. Es geht bergab in Richtung Dorf und während Lisbeth vor Freude strahlt, verhält sich Ludwig etwas eigenartig. Obwohl Lisbeth übermütig auf ihn einredet, zärtlich nach seiner Hand greift und ihm verliebte Blicke zuwirft, wirkt er in sich gekehrt. Unten im Dorf stoppt Ludwig ganz plötzlich seinen Jeep vor der Kirche. Lisbeth ahnt nicht, was jetzt passiert. Schweigend betreten beide die menschenleere Kirche, setzen sich auf eine Bank und blicken auf den Altar. Etwas zögernd und mit trauriger, reumütiger Stimme offenbart Ludwig vor Gott und vor seiner Lisbeth sein Geheimnis. Dann verlässt er, ohne sich noch einmal umzuschauen, die Kirche, steigt in seinen Jeep und fährt weg.

Lisbeth bleibt völlig verzweifelt zurück. Mit dem Taxi fährt sie zum Gruberhof, steigt aus, nimmt ihre zwei braunen Koffer und geht weinend, ohne ein Wort zu sagen, an allen vorbei nach drinnen. Martin ahnt, was passiert ist. Hans nimmt, ohne große Worte zu verlieren, den Vorschlag von Anne, mit der „Grubermilch" zu starten, an.

Lilli wiederholt das, was sie sagte, als Hans ihr vor einiger Zeit die Geschichte von damals erzählte: „Dann ist es unsere Aufgabe, dass wir für die Oma da sind und ihr helfen, mit der Vergangenheit klarzukommen."

14 *Danke, lieber Gott*

Ein schöner Urlaub geht für mich zu Ende. Ihn daheim beim Bergdoktor zu verbringen, war eine sehr gute Idee und mit dem Wetter hatte ich auch richtig Glück, die ganze Woche über war es sonnig und warm. Im Gasthof „Zum Wilden Kaiser" in Scheffau gefällt es mir sehr gut: Die Familie Schönberg-Feger und ihr Team sind sehr nett und aufmerksam, mein Zimmer ist sehr geräumig und hat eine große Terrasse mit freiem Blick auf die Berge und das Essen im Gasthof schmeckt lecker. Genau vor dem Haus ist die Haltestelle des Busses, mit dem ich sehr bequem alle Bergdoktordörfer erreichen konnte. Ihn konnte ich mit der Gästekarte kostenlos benutzen.

Ich bin gerade mit dem Abendessen fertig, heute gab es als Vorspeise eine Nudelsuppe und als Hauptspeise Spinat-Käse-Knödel. Die Nachspeise (Kaiserschmarren) und den Salat habe ich weggelassen, so viel schafft mein kleiner Magen nicht.

Ich muss mich etwas beeilen, denn gleich will ich noch einmal mit dem Bus nach Ellmau fahren und hoch zur kleinen Kapelle oberhalb des Kapellenparkes gehen. Von dort aus kann man sehr schön beobachten, wie die

Sonne hinter den Bergen verschwindet. Ich hole mir schnell noch eine rote Strickjacke zum Überziehen und stelle mich an die Bushaltestelle. Es dauert nur kurz und dann ist der Bus auch schon da. Im Bus sitzen nur noch wenige Leute, viele Touristen essen um diese Zeit zu Abend.

In Ellmau ist noch viel los, ich glaube, heute ist am Pavillon ein Platzkonzert. Ich muss ganz kurz überlegen, welchen Weg ich zur Kapelle nehmen will und entscheide mich für den Weg durch den Kapellenpark. Ich begegne fast niemandem, nur von weitem sehe ich eine Familie mit zwei Kindern auf dem Spielplatz. Der Weg ist schmal und führt in Serpentinen nach oben. Vor der Kapelle stehen einige Leute, die wahrscheinlich auch den Sonnenuntergang beobachten möchten. Ich setze mich neben eine Frau auf die Bank, die vor der Kapelle steht. Von hier aus habe ich einen grandiosen Blick auf die umliegende Bergwelt. Ich bete zu Gott und danke ihm dafür, dass ich hier am Wilden Kaiser einen so tollen Urlaub verbringen durfte. Die Frau neben mir stellt sich vor: Sie heißt Maria L. und kommt einmal in der Woche zur Kapelle. Wir kommen miteinander ins Gespräch. Sie erzählt, dass sie, bevor ich da war, in der Kapelle vor dem Barockaltar mit dem Altarblatt „Maria Heimsuchung" niedergekniet ist. Maria wohnt in Ellmau und berichtet mir, dass die Kapelle 1721 von Johann Kaisermann erbaut wurde und seitdem das schon von weitem zu sehende Wahrzeichen von Ellmau ist. Ihre Familie wohnt schon seit Urgroßvaters Zeiten in Ellmau. Sie gehören zu den Alteingesessenen. Ihr Mann kommt von Kirchberg, gleich um die Ecke. Die beiden wollten sich 1989 in der Kapelle trauen lassen. Doch das ging leider nicht, zu diesem Zeitpunkt wurde die Kapelle gerade saniert. Vor einigen Jahren hat sich, an einem warmen Sommertag, ihre Tochter in der Kapelle trauen lassen. Seitdem läuft in jedem Jahr am Hochzeitstag der Tochter die ganze Familie gemeinsam zur Kapelle, um dort zu beten. Danach schlendern sie durch den Kapellenpark zurück nach Hause und erinnern sich bei Kaffee und Kuchen an die schöne Trauzeremonie in der Kapelle und an das bezaubernde Hochzeitskleid der Tochter. Sie trat ganz in Weiß und mit einer langen Schleppe vor den Traualtar. Ihr Verlobter hatte das Kleid noch nicht gesehen und weinte vor Rührung, so schön ist es. Das Kleid hatte sich ihre Tochter von einem Schneider in Kitzbühel machen lassen. Es ist aus Seide und wurde mit Tiroler Spitze verziert. Auf das Kleid ist ihre Tochter sehr stolz, jedes Jahr am Hochzeitstag wird es aus dem Schrank geholt und bewundert. Maria zeigt mir ein Bild von dem Kleid auf ihrem Handy, es ist wirklich wunderschön. Inzwischen hat der liebe Gott ihrer Tochter und deren Ehemann einen Sohn geschenkt. Der kleine Louis ist der große Stolz der Familie.

Die Sonne ist hinter den Bergen verschwunden und langsam wird es dunkel. Maria bietet mir an, mit ihr gemeinsam ins Dorf zurückzugehen. Sie hat eine große Taschenlampe dabei, für alle Fälle, damit sie nicht stolpert. Ich nehme das Angebot an und wir machen uns auf den Rückweg. Die Lampen im Park sind schon an und wir sind auch gleich kurz vor dem Parkausgang angekommen. Da stoppt Maria vor einem mannshohen Felsen aus grauem Granit. An ihm sind Sterne angebracht, die Namen von Prominenten haben. Maria erzählt mir, was es mit ihnen auf sich hat. Die goldenen Sterne am Stein sind die Ellmauer Kaisersterne, sie werden an Leute aus der Film- und Fernsehbranche verliehen, die durch ihr Wirken in Fernsehproduktionen indirekt auf Ellmau, die umliegenden Orte und auf den Wilden Kaiser neugierig machen. Die Dreharbeiten zu diesen Produktionen finden in der Region Wilder Kaiser statt. Wenn dann die Zuschauer zu Hause den Film oder die Serie anschauen, sehen sie, wie schön es hier ist und bekommen vielleicht Lust darauf, einmal am Wilden Kaiser ihren Urlaub zu verbringen.

Ein Stern gehört Hans Sigl. Er bekam ihn im Juni 2015. Aus Anlass der Verleihung wurde von Franz Unterrainer sogar ein „Bergdoktormarsch" komponiert. Hans Sigl durfte diesen dann dirigieren und damit das Platzkonzert der Bundesmusikkapelle Ellmau am Dorfplatz eröffnen. Maria hat Hans Sigl schon des Öfteren in Ellmau getroffen, er ist während der gesamten Dreharbeiten mehrere Monate da und manchmal geht er auch im Kapellenpark spazieren. Irgendwie gehört er ein wenig zu uns, sagt sie freudestrahlend. Ein anderer Stern gehört Siegfried Rauch. Neben den Dreharbeiten zum Bergdoktor hat er auch bei „Ruf der Berge" in Ellmau mitgedreht. Siegfried Rauch bekam den Stern glücklicherweise im Juli 2017 verliehen, ein Jahr später hätte er schon nicht mehr bei der Verleihung dabei sein können. Maria war vor Ort, als Siegfried Rauch der Stern gewidmet wurde und erinnert sich noch sehr genau daran. Ihr Mann Peter spielt in der Bundesmusikkapelle von Ellmau und durfte Siegfried Rauch ein Ständchen spielen. Herr Rauch sagte bei der Verleihung immer wieder, dass die tolle Kulisse des Wilden Kaisers für den Film schon der halbe Erfolg sei und er betonte, dass die Ellmauer so nett zu ihm sind. Das hat Maria sehr gefreut.

Ich finde auch, dass Maria sehr nett ist und bin froh darüber, dass ich sie heute Abend getroffen habe. Der Blick auf die untergehende Sonne und die Begegnung mit Maria sind ein wunderbarer Abschluss meines letzten Urlaubstages.

Danke, lieber Gott.

Streiflicht
Siegfried Rauch (Dr. Roman Melchinger)

Seine Freunde nannten ihn „Siggi" – er verstarb überraschend am 11. März 2018 kurz vor seinem 86. Geburtstag in Untersöchering – sein Grab befindet sich auf dem Friedhof von Obersöchering – seine Ehefrau ist Karin Rauch (verheiratet seit 1964) – er hatte zwei Söhne, Benedikt und Jakob, und drei Enkelkinder – Siegfried Rauch war ein Familienmensch – er liebte seinen Wald, seinen Garten und die Natur – in den Urlaub fuhr er nicht so gern – sein Wirken in 235 Filmen und Serien machten ihn zum Film- und Fernsehhelden – bekannt wurde er vor allem durch die Fernsehserien „Es muss nicht immer Kaviar sein", „Die glückliche Familie", „Das Traumschiff" und „Der Bergdoktor" – er schenkte jedem ein gutes Wort und einen freundlichen Blick – er vertraute ganz darauf, dass der liebe Gott weiß, was er mit ihm vor hat und er hatte keine Angst vor dem Ende des irdischen Lebens

Ellmauer Kaisersterne

Die Autorin

Angela Bardl wurde im Juni 1961 im DDR-Bezirk Leipzig geboren und wuchs als Einzelkind auf. Sie erblickte im Sternzeichen Zwilling das Licht der Welt zu Hause im elterlichen Schlafzimmer. In der Schule versuchten die Lehrer, sie vom sozialistischen Wertesystem zu überzeugen, zu Hause wurde sie im Glauben an Gott groß. Es wird ihr nachgesagt, schon im Kindergarten erfolgreich den Ton angegeben zu haben – wahrscheinlich liegt dies in der Natur eines Zwillings. Vielleicht war dies auch Motivation dafür, ein Studium zur Lehrerin aufzunehmen. Zunächst absolvierte sie erfolgreich am Institut für Lehrerbildung in Leipzig ein Grundschullehrerstudium, schloss daran ein Mathematikstudium an der Karl-Marx-Universität in Leipzig an und entschloss sich später noch einmal zum Studium der Theologie und Religionspädagogik an der Friedrich-Schiller-Universität in Jena.

Angela Bardl ist Lehrerin am Gymnasium und erzählt Schülern von Gott und der Welt. Sie ist verheiratet, hat drei erwachsene Kinder und vier Enkelkinder. Zurzeit lebt sie in Jena/Thüringen.

Angela Bardl wird getrieben von Heiterkeit, Kontaktfreude und der Suche nach Neuem, ganz dem Motto getreu: Heute ist ein schöner Tag, lassen wir uns überraschen, was er für uns bereit hält. Sie schätzt Aufrichtigkeit und Ehrlichkeit und ist eine Frau der klaren Worte. Langeweile hat in ihrem Leben keinen Platz. Sie ist auf ständiger Erkundungsreise und findet es spannend, sich selbst durch die Begegnung mit Menschen neu ins Gespräch zu bringen.

Das erste Mal sah Angela Bardl die heutige Heimat des Bergdoktors 1991. Damals fuhr sie zum ersten Mal nach Österreich. Für sie als DDR-Mädel, das tief im Osten ohne Kontakt zum westlichen Ausland aufwuchs, war dies der Eintritt in eine völlig neue Welt, von der sie nicht wusste, was ihr darin widerfahren wird. Mit ihrem schokoladenbraunen Wartburg und beladen mit ihren vier und fünf Jahre alten Mädchen und ihrem einjährigen Sohn sorgte sie an der Tankstelle der Inntal-Autobahn für Aufsehen, schon deshalb, weil er mit Gemisch betankt werden musste. Damals ahnte sie noch nicht, dass diese erste Begegnung mit dem Wilden Kaiser und den Menschen dort einmal die Heimat des Bergdoktors wird. Sie ahnte auch nicht, dass sie nach mehr als 20 Jahren zurückkommen wird, um ihren Urlaub auf den Spuren des Bergdoktors zu verbringen, diesmal in einem Mini und begleitet von inzwischen erwachsenen Kindern und Enkeln. So wird ihr Buch „Daheim beim Bergdoktor am Wilden Kaiser" zu einer freudigen Etappe ihres Lebens. Die Begegnung mit wunderbaren Menschen hat ihr Leben bereichert.